Chinese
Annual Review of Political Science
(2020)

主　编　肖　滨
执行主编　何俊志　陈川慜

中国政治学年度评论（2020）

·广州·

版权所有　翻印必究

图书在版编目（CIP）数据

中国政治学年度评论. 2020/肖滨主编；何俊志，陈川慜执行主编. —广州：中山大学出版社，2022.5
ISBN 978-7-306-07460-7

Ⅰ. ①中… Ⅱ. ①肖…②何…③陈… Ⅲ. ①政治学—评论—中国—2020 Ⅳ. ①D609.9

中国版本图书馆 CIP 数据核字（2022）第 039798 号

ZHONGGUO ZHEZHIXUE NIANDU PINGLUN 2020

出 版 人：	王天琪
策划编辑：	嵇春霞　赵　冉
责任编辑：	赵　冉
封面设计：	曾　斌
责任校对：	陈　莹
责任技编：	靳晓虹
出版发行：	中山大学出版社
电　　话：	编辑部 020-84110771，84110283，84111997，84110779
	发行部 020-84111998，84111981，84111160
地　　址：	广州市新港西路135号
邮　　编：	510275　传　真：020-84036565
网　　址：	http://www.zsup.com.cn　E-mail：zdcbs@mail.sysu.edu.cn
印 刷 者：	广东虎彩云印刷有限公司
规　　格：	787mm×1092mm　1/16　6.625 印张　130 千字
版次印次：	2022 年 5 月第 1 版　2022 年 5 月第 1 次印刷
定　　价：	36.00 元

如发现本书因印装质量影响阅读，请与出版社发行部联系调换

中国政治学年度评论

主　　编　肖　滨
执行主编　何俊志　陈川慜
学术委员会（按姓氏拼音排序）

陈　峰（香港浸会大学）	陈　捷（美国詹姆斯麦迪逊大学）
陈明明（复旦大学）	郭苏建（复旦大学）
景跃进（清华大学）	李连江（香港中文大学）
马　骏（中山大学）	任剑涛（清华大学）
王绍光（香港中文大学）	王浦劬（北京大学）
肖　滨（中山大学）	徐　勇（华中师范大学）
杨大利（芝加哥大学）	杨光斌（中国人民大学）
张凤阳（南京大学）	周光辉（吉林大学）
周　平（云南大学）	朱光磊（南开大学）

编辑委员会（按姓氏拼音排序）

包刚生（复旦大学）	丁　晖（中山大学）
樊　鹏（中国社会科学院）	郭忠华（南京大学）
何俊志（中山大学）	黄冬娅（中山大学）
李里峰（南京大学）	刘　伟（武汉大学）
罗斯琦（中山大学）	孟天广（清华大学）
任　峰（中国人民大学）	谭安奎（中山大学）
王　清（中山大学）	张长东（北京大学）
张紧跟（中山大学）	朱　琳（中山大学）
朱亚鹏（中山大学）	

前　言

何俊志

进入 21 世纪以来，政治代表理论研究的一个重要转向就是建构主义代表理论的兴起。与此平行的一条线索是，研究中国人大代表制度的学者则越来越多地运用经验数据来检验各种规范的代表理论。在新一轮的验证过程中，研究者们在考察中国各级人大代表的内部结构及行为模式时，在寻找中国各级人大代表的履职模式和动力的过程中，已经有了一些基本的新发现。这些新的发现已经在相当程度上超越了传统的以地域代表制和竞争性选举为基础的代表结构与行为理论。

已经有相当一部分成果确认，中国各级人大代表的履职动力并不是来自"连任动机"，在代表的连任机制中也并不存在很明显的"在任者优势"。由此而提出的问题是，在选举激励和在任优势并不显著的情况下，中国的各级人大代表的更新机制是什么？各级人大代表的履职行为是否存在某种可以提炼出的模式？这些模式背后的动力机制是如何形成的？

众所周知，在党的领导、人民当家作主和依法治国相统一而形成人大制度的基本结构之下，兼职代表制和代表大会加常委会体制是支撑当代中国人大制度的两大重要支柱。兼职代表的优势在于可以让代表不脱离人民，让代表更能立足于本职工作而履行职责，但缺点在于人大代表的专业化水准提升和集体行动的难度较大。1954 年以来人大制度的发展历程已经表明，人大常委会制度就是一种力图用来克服兼职代表制难题的制度安排。

早期的研究已经发现，各级人大常委会的领导能力及其行动策略，是决定和影响各级人大行动能力的重要变量。《全国人大常委会组成人员的优化模式》一文指出，追求全国人大常委会组成人员的结构优化，一直是中共中央和全国人大常委会的追求目标。历经 8 届全国人大常委会组成人员结构变化趋势的数据表明，全国人大常委会组成人员的内部优化模式表现为：平均年龄呈下降趋势，学历结构呈上升趋势，来自全国人大常委会机关的组成人员比例呈上升趋势，在任期间实际职务在全国人大常委会的成员比例呈上升趋势。与此同时，连任比例呈先升后降再升的趋势。这些发现都印证了，全国人大常委会组成人员的优化构成了全国人大常委会能力提升的一个重要方面。

前期研究还发现，除军队代表以外，各级人大代表都是以地域为基础选举产生。但是，中国选举制度在实际运行过程中的一个基础特征是：以地域为基础的选举在相当程度上还要满足在选举之前所设定的各种代表比例结构的要求。这种结合了地域代表制和职业代表制的因素，并且是以某种比例结构所决定的代表构成模式会不会对代表的履职行为产生影响？《基于A市经验观察的地方人大代表履职中的地域代表性和行业代表性研究》一文发现：基层干部和知识分子具有很强的地域代表性，中共党员的行业代表性更弱，民主党派、工商联和无党派代表则更可能为行业发声；同时，连任经验对代表的地域代表性和行业代表性具有显著的正向影响。对代表所提议案和建议进行文本分析和对人大代表进行访谈后还发现，地方人大的代表结构所考虑的地域和行业两方面的描述代表性的确在一定程度上能够转化为实质代表性。

随着中国人大制度的发展，观察者们还发现，无论是在聚集还是个体层面上，中国的各级、各地和同一行政单位内部的人大代表在履职行为模式方面已经表现出了越来越大的差异性。前期的一些研究认为，外部环境和人大代表的客观属性起着重要作用。《省级人大代表谁更积极？——基于对X省人大代表的问卷调查和深度访谈的分析》一文则发现：人大代表的履职成就感和政治效能感等主观属性是影响其履职积极性的重要因素。而人大代表的职业、性别、年龄、受教育水平、常委会或专委会成员等客观属性对其履职积极性并没有显著的影响。作者进而提出，与代表的客观属性相比，代表的主观属性很可能对其履职行为产生更为重要的影响。

不过不容否认的是，无论是在各级人大开会还是闭会期间，人大代表的履职行为都是在一种高度组织化的框架内具体展开的。尤其是在各级人大闭会期间，各级人大常委会对本级人大代表履职所做的绩效评估，构成了各级人大工作中一项越来越重要的内容。《地方人大代表履职绩效评估：主体、内容和方式》一文提出，作为一项出现仅十余年且为中国独有的制度尝试，对代表履职的绩效评估虽不属于法律框架内的制度，且在法理上存在一定可商榷之处，却很好地夯实了基层民主，防止了基层人大工作"脱实向虚"。该项制度在实践中面临的问题和学界的争议主要可以概括为主体、内容和方式三个方面。在评估主体方面，选民应当逐渐成为评估活动主体，而常委会则宜扮演组织者的角色。在评估内容方面，未来发展需要解决指标中对代表进行附加要求和过于注重频次考核的问题。在评估方式上，则需要人大进一步推进信息公开以支撑评估方式的改进。学界也需要围绕代表在会议期间履职行为的评估等目前较容易被忽视却较为关键的问题展开研究。

由此，我们已经可以区分出研究中国各级人大代表履职模式的两种途径：结构主义的途径比较侧重于从代表结构和人大常委会的领导与组织体制的角度来观察代表的履职过程，个体主义的途径则更加强调代表个体属性及其经历的重要性。在个体主义视角下，《双重动机：人大代表利益表达的动力之源——基于地方人大代表1129份建议的分析》一文提出，受内在个人理性需求与外在社会文化制度规范的影响，人大代表具有同时表达私人利益与公共利益的双重动机。人大代表对公共利益的表达在一定程度上是内生的、非工具性的。本职工作是双重动机理论链接现实的落脚点。不同职业身份的人大代表由于本职工作的不同，对公私利益表达的动机强度各不相同。代表们以本职工作为中心，力求实现公私利益的一致性表达。

在结构主义视角下，《当代中国地方人大代表的角色及其转向——以浙江省民生实事项目代表票决制为分析切入点》则提出，在相当长一段时期内，由于缺少必要的履职平台，代表的作用（尤其在闭会期间）其实并未得到充分的发挥，反而存在明显的"缺位"和"错位"问题。民生实事项目人大代表票决制，作为浙江省在人大方面的制度创新，则为代表发挥作用提供了一个有效的履职平台，从而使其角色发生了重要变化。在这一制度下，地方人大代表不仅成为实质上的意见反映者，还完成了从政策咨询者向项目决策者、从事后监督者向全程参与者的一系列转变。这一转变有着非常重要的现实意义，它能够有效回应地方发展过程中社会主要矛盾的相关要求，亦有利于构建起新型的基层治理体系并推进国家治理能力的现代化。在中国社会主要矛盾发生变化的背景下，人大代表应当将工作重点首先放在与人民切身相关的民生实事上，并沿着制度化、人民代理人的方向进行变革。

本年度的评论只推出了6篇论文，这些新的成果当然不能代表当代中国人大代表研究制度的全貌。但是，本评论主要聚焦的代表结构及其履职行为研究方面，每篇成果都力图将本领域的研究向前推进。正如当代中国人大制度经过半个多世纪的发展已经初现轮廓一样，起步较晚的当代中国人大代表制度研究也正在显示出其基本的风格。本年度的评论算是我们在这方面所做的一次基本尝试，希望能够由此引出对当代中国人大制度和当代中国政治的深度研究。

目　录

全国人大常委会组成人员的优化模式 …………………… 何俊志　钟本章(1)

基于 A 市经验观察的地方人大代表履职中的地域代表性和行业代表性研究
　　…………………………………… 楼笛晴　杨　惠　田肖肖(14)

省级人大代表谁更积极？
　　——基于对 X 省人大代表的问卷调查和深度访谈的分析
　　………………………………………………… 陈川慜　马钰贺(40)

地方人大代表履职绩效评估：主体、内容和方式 ……………… 严行健(52)

双重动机：人大代表利益表达的动力之源
　　——基于地方人大代表1129份建议的分析 ……… 蔡金花　储建国(67)

当代中国地方人大代表的角色及其转向
　　——以浙江省民生实事项目代表票决制为分析切入点
　　………………………………………………… 刘传明　林奇富(83)

全国人大常委会组成人员的优化模式*

何俊志　钟本章**

一、导　论

改革开放以来，中国的全国人大及其常委会在国家政治生活中所扮演的重要角色已经在国内外学术研究中得到了充分体现。全国人大及其常委会在立法、监督、代议和政体支持过程中的角色日益活跃，意味着全国人大及其常委会的能力已经得到了相当程度的提升。与国外的代议机构不同的是，中国的全国人大及其常委会的能力提升，并不表现为代表规模的缩减和职业化代表群体的产生。

由此而产生的一个问题是，在仍然维持着一个庞大的兼职代表的背景下，全国人大及其常委会是如何提升自己履职能力的？前期的研究已经发现，人大常委会理性的策略选择、强有力的领导和组织体制，以及代表构成及行为模式的变化，是三个直接的影响因素。以六届全国人大常委会以来的历届全国人大常委会委员个体资料数据为基础，本文将提出，全国人大常委会委员结构的优化，同样构成了全国人大及其常委会的能力提升的一个重要方面。这一发现将现有的研究推进至全国人大常委会内部构成的同时，也将有助于更为深入地理解全国人大及其常委会的内部运作。

二、理论回顾与基本假设

在特殊的政治制度及发展阶段上，中国人大制度的现代化发展必然会经历独特的制度化道路。一些长期观察中国人大制度的学者很早就发现，改革开放以来，中国人大制度的发展，并不体现为以提升自主性为目标的改革，

---

* 本文受国家社科基金项目"人大代表选举制度改革的实证研究与理论解释"（17AZZ005）资助。
** 何俊志，中山大学政治与公共事务管理学院教授；钟本章，中山大学政治与公共事务管理学院博士研究生。

而主要体现为机构能力的提升。① 这一观点在很大程度上得到了后来研究者的接纳,随后的研究主要侧重于解释为什么中国各级人大及其常委会能够在改革开放之后实现能力提升。

相当一部分研究认为,各级人大及其常委会的能力之所以得到提升,主要的原因在于各级人大常委会基于对中国特殊国情和政治制度的深刻认识,在实践中逐步探索出了一套行之有效的行动策略。在早期的研究中,欧博文(Kevin J. O'Brien)认为,主要的原因在于中国的各级人大常委会探索出了一套"嵌入"性策略,主要是通过与强大的机构合作的方式获得地位和能力的提升。② 一些以省级人大常委会为对象的研究则发现,省级人大常委会利用自己在权力体系中的独特地位,通过与各种机构和团体建立信息网络的方式,将自己打造为"信息中介"(information broker),并通过信息优势和决策优化而实现了权力地位的提升。③ 同时,各级人大常委会还会非常理性地选择监督对象和监督方式,通过避难就易的途径来实现能力和地位的提升。④ 类似的发现是,在相当长一段时期内,各级人大常委会的实际权力行使都表现为一种"边际创新"模式。⑤ 更为有趣的是,全国人大常委会也在学习地方人大常委会所探索出的不少有益的策略,并且还将其"硬化"为制度。⑥

另外一些学者则比较强调各级人大常委会的领导和组织体制改革所起的重要作用。相当一部分学者认为,强有力的领导和日渐壮大的科层机构是影响各级人大常委会能力建设的最为直接的因素。⑦ 执政党在全国人大内部的领导网络与人大制度自身的领导体制相结合而形成一套"核心组织体系",将全

---

① Kevin J. O'Brien & Laura M. Luehrmann, "Institutionalizing Chinese Legislatures: Trade-offs Between Autonomy and Capacity", *Legislative Studies Quarterly*, Vol. 23, No. 1, 1998, pp. 91 – 108.

② Kevin J. O'Brien, "Chinese People's Congresses and Legislative Embeddedness: Understanding Early Organizational Development", *Comparative Political Studies*, Vol. 27, No. 1, 1994, pp. 80 – 109.

③ Ming Xia, "Informational Efficiency, Organisational Development and the Institutional Linkages of the Provincial People's Congresses in China", *The Journal of Legislative Studies*, Vol. 3, No. 3, 1997, pp. 10 – 38.

④ Young Nam Cho, "From 'Rubber Stamps' to 'Iron Stamps': The Emergence of Chinese Local People's Congresses as Supervisory Powerhouses", *The China Quarterly*, No. 177, 2002, pp. 724 – 740.

⑤ 何俊志:《制度等待利益:中国县级人大制度模式研究》,重庆出版社2005年版。

⑥ 林彦:《从自我创设,到政治惯例,到法定权力:全国人大常委会执法检查权的确立过程》,载《清华法学》2009年第3期,第5 – 25页。

⑦ Murray Scot Tanner, *The Politics of Lawmaking in China: Institutions, Process, and Democratic Prospects*, Oxford: Clarendon Press, 1999, pp. 19 – 28.

国人大常委会的领导群体紧密地凝合在一起,促成了全国人大逐渐扩大自己的影响。① 全国人大常委会内部组织体系的壮大趋势及其带来的运行模式所带有的科层化色彩,使得全国人大的制度化建设中已经呈现出了一种明显以追求提高行动效率为目标的"科层逻辑"。② 与领导能力提升和组织体系壮大并行的是,专业委员会构成的变化也直接推动了全国人大专业能力的提升。③

第三种视角则倾向发现代表结构与行为模式所发生的变化。改革开放以来,中国的全国人大在代表构成方面的突出趋势,就是代表的成分越来越具有多元化和包容性的特征。④ 这一趋势整体上体现为在传统的代表结构中不断纳入新社会阶层。⑤ 通过以选举为核心的一系列改革措施,中国的各级人大代表中涌现出了一种能够在新的条件下代表选民利益和回应选民需求的"好代表"。⑥ 而且,即使在选举过程中缺少竞争性的背景下,辅之以一套以信息需求为核心的自上而下的责任机制,以挑选和选举相结合而产生出的一批人大代表,在某些方面对民意的回应程度也并不逊于通过竞争性选举产生的国外议员。⑦

显然,前期研究已经注意到了行动策略、组织体系和代表结构及其行为变化在全国人大的能力提升过程中所起的重要作用。这些研究已经覆盖了人大制度化过程中几个重要的侧面。可以预见的是,这三个方面的变化还将会影响到中国的全国及地方各级人大的能力提升和制度化水平。但同时需要指出的是,对于在中国的县级以上各级人大能力提升过程中同样起着重要作用的人大常委会委员构成的变化所起的作用,并没有引起理论界的充分重视。

根据《中华人民共和国宪法》(以下简称《宪法》)第五十七条的规定,中华人民共和国全国人民代表大会是最高国家权力机关。它的常设机关是全

---

① 孙哲:《全国人大制度研究》,何俊志、赵可金译,法律出版社2004年版,第68页。

② 张紧跟:《科层制还是民主制?:改革年代全国人大制度化的的内在逻辑》,载《复旦学报》2013年第5期,第116-126页。

③ Chun-chih Chang & Chien-min Chao, "Specialization Without Autonomy: An Informational Approach to the Development of Permanent Committees in China's National People's Congress", *Journal of Contemporary China*, 2018, DOI: 10.1080/10670564.2018.1497912.

④ Kevin J. O'Brien, *Reform Without Liberalization: China's National People's Congress and the Politics of Institutional Change*, New York: Cambridge University Press, 1990, p.176.

⑤ 孙莹:《论我国人大代表结构比例的优化》,载《中山大学学报(社会科学版)》2013年第4期,第163-173页。

⑥ Melanie Manion, "'Good Types' in Authoritarian Elections: The Selectoral Connections in Chinese Local Congresses", *Comparative Political Studies*, Vol.50, No.3, 2017, pp.362-394.

⑦ Rory Truex, *Making Autocracy Work: Representation and Responsiveness in Modern China*, New York: Cambridge University Press, 2016, pp.91-120.

国人民代表大会常务委员会。由于全国人民代表大会的年度会议每年只召开两周左右，在全国人大闭会期间，实际上行使权力的代议机关就是全国人大常委会。而且《宪法》还规定，全国人民代表大会代表的选举由全国人民代表大会常务委员会主持（第五十九条）；在全国人民代表大会闭会期间，各专门委员会受全国人民代表大会常务委员会的领导（第七十条）。由于全国人大代表的选举、对全国人大专门委员会的领导和日常工作实际上都由全国人大常委会主持，前述三个方面的变化显然都离不开全国人大常委会的主体和中介性作用。因此，只有在对全国人大常委会自身结构的变化进行考察之后，才能填补前述研究的空白，并将前述三个方面的变化作为一个系统来理解。

三、作为追求目标的全国人大常委会组成人员结构优化

从官方文件中可以看出，全国人大常委会组成人员的结构优化，一直是中共中央和全国人大常委会的追求目标。

在改革开放之初，面对重建恢复之后的全国人大常委会的能力不足问题，中共中央提出的基本思路就是年轻化和专职化。早在1987年，中国共产党在十三大报告就已经提出："要加强全国人大特别是它的常委会的组织建设，在逐步实现委员比较年轻化的同时，逐步实现委员的专职化。"不过，随后的中共十四大和十五大报告中并没有出现有关全国人大常委会组成人员建设的有关内容。

直至2002年，中共十六大报告才提出要"优化人大常委会组成人员的结构"。2007年的中共十七大报告的表述是："加强人大常委会制度建设，优化组成人员知识结构和年龄结构。"2012年，中共十八大报告明确要求："健全国家权力机关组织制度，优化常委会、专委会组成人员知识和年龄结构，提高专职委员比例，增强依法履职能力。"值得注意的是，这次报告中首次出现了一个新的术语：专职委员。也正是在这个报告之后，2013年新产生的全国人大常委会组成人员新增了19位被称为"专职委员"的全国人大常委会委员。① 随后，2017年的中共十九大报告的表述是：完善人大专门委员会设置，优化人大常委会和专门委员会组成人员结构。

与党代会中不时闪现的关于优化全国人大常委会组成人员结构不同的是，全国人大常委会的工作报告反而较少提及这一点。在公开的文献中，目前只有1997年的全国人大常委会工作报告提出：要努力改善人大代表和常委会组

---

① 崔丽、张国：《最高国家权力机关的专职委员面孔》，载《中国青年报》2013年3月15日。

成人员的知识结构和年龄结构;要使常委会的组成人员逐步专职化和比较年轻化,以适应新形势下加强人大常委会工作的需要。

与官方文件平行的是,一些全国人大的观察者和研究者也在关注全国人大常委会组成人员的变化情况。

一些观察者已经敏锐地注意到了全国人大常委会在组成人员优化方面所做的努力。在十届全国人大一次会议首次出现了一批"年轻专职委员"之后,就有记者注意到,这是全国人大常委会在为委员的专职化创造条件。[①] 但是,张涛在分析十届全国人大常委会组成人员的基本结构之后发现:全国人大常委会的平均学历虽然已经相对较高,但社会科学背景的人员相对较少;在年龄方面,老龄化仍是一个待解决的问题;专职化程度仍然不够。[②] 朱海英在比较了十届和十二届全国人大常委会组成人员的结构之后也认为,年轻化问题、专业化问题和甄选路径问题还没有得到完全解决。[③]

后来的观察者也认为,当前中国各级人大常委会在组成人员优化方面仍然存在不少问题,具体包括:专职比例不尽合理,职业构成不尽合理,地区分布不够合理,以及知识结构不尽合理。[④] 甚至一些实务工作者也感觉到:各级人大常委会的专职、兼职比例不够合理,年龄结构和职业构成不够合理。[⑤]

结合正式的文件和相关的观察可以得出的观点是,追求全国人大常委会组成人员的结构优化,是官方和民间的共同目标。而且,年龄结构、知识结构和专职化程度是三个明确的追求目标。只不过,由于观察时段和案例的不足,目前还很难对全国人大常委会组成人员结构优化的具体进程做出一套系统的评估。

四、研究设计

从正式的文件和经验观察中可以发现,全国人大常委会组成人员的年轻化、专业化和专职化,是全国人大常委会组成人员结构优化的三项具体指标。

---

① 《瞭望》记者:《优化全国人大常委会组成人员结构:如何看全国人大常委会增设"年轻专职委员"》,载《瞭望新闻周刊》2003年第14期,第30-31页。

② 张涛:《第十届全国人大常委会组成人员结构分析:主要特点与发展面向》,载黄卫平、汪永成主编:《当代中国政治发展报告》第7辑,社会科学文献出版社2009年版,第78-93页。

③ 朱海英:《全国人大常委会组成人员结构分析:比较的观点》,载《人大研究》2014年第4期,第11-16页。

④ 侯志奎:《不断优化常委会组成人员结构》,载《中国党政干部论坛》2010年第12期,第22-24页。

⑤ 曲正忠、张升知:《优化人大常委会组成人员结构的对策建议》,载《人大研究》2018年第6期,第8-10页。

而全国人大常委会组成人员的职业经历和任职模式，同样也构成了一项重要的指标。基于前期研究的这些共识，本文将全国人大常委会组成人员的结构优化指标分解为下面几项具体指标。

第一是年龄优化。基于改革开放之前全国人大常委会组成人员老龄化倾向的事实，相关研究都将年轻化作为一项核心的测量指标，而测量年轻化的具体指标则是全国人大组成人员的平均年龄。结合中国政治制度的实际运行，仅以平均年龄来测量全国人大常委会组成人员的年龄结构可能存在两个主要问题：一是无法全面揭示全国人大常委会组成人员在年龄结构分布方面的全面特征。为了解决这一问题，本文将提出一些更为全面的年龄分布指标，以更为全面地揭示年龄分布模式。二是由于全国人大常委会委员长会议的组成人员都是国家领导人，党和国家的政策对这一群体的年龄有特殊的要求。因此，在具体测量时需要将委员长会议的组成人员与全国人大常委会委员的年龄分布分开来看。

第二是知识结构优化。先前的测量主要是通过学历和学位来进行测量，部分研究结合了学科背景。考虑到接受过高等教育以上的成员在接受大专以上教育时经常会发生专业变化的情形，仅测量某一个阶段的学科背景可能会存在偏差，因此本文将以减少争论的方式，主要测量组成人员的学历构成。另外，作为全国人大常委会组成人员，其最重要的能力是议政能力，因此，本文同时将任职以前是否有过议政经历（担任过人大代表/政协委员）作为平行指标。

第三是专职化指标。在中国特殊的政治背景下，这一指标的测量难度较高，因为虽然法律规定全国人大常委会的组成人员不能兼任本级"一府两院"①的职位，但是大量的全国人大常委会组成人员在事实上仍然兼任不少党委和群众团体的职位。即使有关组成人员在全国人大常委会内部全职工作，大多数也都兼任全国人大常委会内部的行政机关的某种职位，例如工委主任或专门委员会主任助理等，这些也算不上是严格的专职性职位。因此，人大常委会的实务工作者们更愿意使用"驻会"成员与"不驻会"成员这对术语。结合中国的实际情况，本文所指的专职化指标，具体包括三种成员：全国人大常委会委员长会议全体成员，在全国人大常委会机关工作的委员，除全国人大常委会委员职务之外没有其他任何正式职务的成员。结合研究惯例，同时将连任比例也作为平行指标。

第四是职业生涯指标。一些前期的研究认为，职业生涯指标是一项最能体现代议机构组成人员的信息效率的专业化指标。例如，张钧智等在研究全

---

① 按：今为"一府一委两院"，考虑到研究对象与成文时间，文中仍作"一府两院"。全书同此，不一一注明。

国人大专门委员会组成人员的专业化水平时,曾经将全国人大专门委员会组成人员的职业生涯从来源上分为八项:学术团体、经济/财经、民主党派/群众团体、人大/司法、国务院、中共中央、地方领导和人民解放军。① 结合中国的实际背景和全国人大常委会组成人员的实际情况,本文将来自司法系统的组成人员单列为一类,同时将来自政协的组成人员归为民主党派/群众团体一类,因此将一共提供九种不同的职业来源。而且,由于相当一部分人在当选为全国人大常委会委员之后会发生实际职务的变化,因此本文所指的职业生涯指标将包含两方面的内容:任前职务和任中职务。前者体现的是委员的来源,后者体现的是委员任职之时的实际职务分布。

中共中央正式提出优化全国人大常委会组成人员的时间是1987年召开的十三大。在这一时刻提出这一目标,显然是针对先前存在的问题。为了系统比较全国人大常委会组成人员结构优化的整体历程,本文将六届全国人大常委会(1983—1988)组成人员的基本情况作为基准,逐届比较上述四项指标在各届全国人大常委会组成人员中的具体情况。另外,为了让数据更为全面,数据中还把被选的组成人员也计算在内。

五、研 究 发 现

(一) 年轻化趋势

前期研究在测量各级人大常委会的年龄结构优化时,所使用的主要指标是平均年龄。为了更全面地测量这一指标的变化,本文所使用的具体指标将包括最小年龄、平均年龄、最大年龄、标准差四项。(见表1、表2)

表1 六至十三届全国人大常委会组成人员的年龄变化(1983—2018年)

届次	最小年龄	平均年龄	最大年龄	标准差	人数
六届	42	69.72	93	8.87	165
七届	43	68.33	90	7.01	157
八届	38	65.45	88	7.25	159
九届	38	64.59	90	6.24	158

---

① Chun-chih Chang & Chien-min Chao, "Specialization Without Autonomy: An Informational Approach to the Development of Permanent Committees in China's National People's Congress", *Journal of Contemporary China*, 2018, DOI: 10.1080/10670564.2018.1497912.

(续表)

届次	最小年龄	平均年龄	最大年龄	标准差	人数
十届	32	60.78	76	8.00	177
十一届	40	59.66	70	6.60	175
十二届	45	60.41	68	5.13	174
十三届	39	60.66	70	5.01	175

数据来源：自建数据库。

从表1可以看出，自六届全国人大常委会开始，组成人员的平均年龄整体呈下降趋势，最大年龄也呈整体下降趋势，反映出全国人大常委会组成人员的年轻化趋势比较明显。但同时值得注意的是，1983年以来平均年龄仍然基本维持在60岁以上，最小年龄的降幅也并不大，整体上缺少较为年轻的组成人员。与此同时，标准差的缩小意味着组成人员的年龄分布在整体上呈收缩趋势，相互之间的年龄差距也在缩小，全国人大常委会组成人员的年龄集中分布在40岁至70岁的区域之内。

表2 六至十三届全国人大常委会组成人员年龄变化趋势分组比较（1983—2018年）

届次	最小年龄		平均年龄		最大年龄		标准差		人数	
	领导	委员	领导	委员	领导	委员	领导	委员	领导	委员
六届	45	42	73.87	69.05	93	87	10.84	8.36	23	142
七届	50	43	74.25	67.47	90	81	9.86	6.08	20	137
八届	53	38	71.10	64.59	88	86	9.03	6.57	21	138
九届	58	38	69.24	63.82	90	71	7.29	5.75	21	137
十届	58	32	66.20	60.18	76	69	4.48	8.08	17	160
十一届	62	40	65.64	59.14	70	68	2.47	6.62	14	161
十二届	56	45	63.29	60.16	68	68	4.23	5.14	14	160
十三届	57	39	63.56	60.36	68	70	2.85	5.09	16	159

数据来源：自建数据库。
注：领导指全国人大常委会委员长会议组成人员，委员为全国人大常委会委员。

表2的分组比较进一步显示，全国人大常委会委员长会议组成人员和普通委员的平均年龄在整体上都呈下降趋势。但是下降的主要方面是最大年龄的降低和标准差的缩小，而最小年龄则没有明显降低。另外，自十二届之后，平均年龄和最大年龄的降低趋势已经停止并略有反弹。这一点很可能表明，

在现有的委员会结构之下,全国人大常委会组成人员的年轻化趋势已经抵达了下限,短时间内不会有大的突破。

(二) 知识结构优化

大多数研究在考察各级人大常委会组成人员的知识结构时,都主要依赖于学历结构和学科背景。由于并不是每位组成人员都有学科背景,而且部分成员有多重背景。为了减少争议,本文不考虑学科背景,而只将最高学历分为高中及以下(包括中专和中师)、大专及本科(包括党校学历)和研究生(硕士及博士)三个层次。(见表3)

表3 六至第十三届全国人大常委会组成人员的学历构成(1983—2018年)

单位:%

届次	高中及以下	大专及本科	研究生	缺失
六届	25.9	50.3	14.5	9.1
七届	23.0	50.3	11.5	15.3
八届	10.6	69.8	17.6	1.9
九届	10.8	70.9	18.4	0.0
十届	2.2	67.8	29.9	0.0
十一届	3.4	46.9	49.7	0.0
十二届	2.3	32.2	65.5	0.0
十三届	0.6	27.4	70.3	1.7

数据来源:自建数据库。

表3显示,1983年以来,全国人大常委会组成人员的学历构成已经发生了飞速变化。突出趋势表现为整体学历水平不断提高,研究生学历比例快速提升和高中以下学历比例明显下降。截至2018年,研究生学历的全国人大常委会组成人员已经超过了70%,初中和小学学历的组成成员已经完全没有,高中学历的组成人员也只有1人。

对于全国人大常委会委员而言,学历仅仅是其知识结构的一个组成部分。是否具有参政议政经历及相关知识,才构成其知识结构的核心。因此,本文专门考察了全国人大常委会组成人员是否担任过人大代表和政协委员(如两者皆有则只计入人大代表)的经历,并将其作为与学历相当的一种知识结构。(见表4)

表4 六至十三届全国人大常委会组成人员的议政经历结构（1983—2018年）

单位:%

届次	担任过人大代表	担任过政协委员	无议政经历
六届	61.2	10.3	28.5
七届	63.7	9.6	26.8
八届	63.5	4.4	32.1
九届	51.9	7.0	41.1
十届	57.6	5.1	37.3
十一届	58.3	13.7	28.0
十二届	64.4	12.1	23.6
十三届	52.0	12.0	36.0

数据来源：自建数据库。

表4数据显示，自1983年以来，绝大多数全国人大常委会组成人员都有过议政经历，拥有参政议政的基本知识。但是拥有参政经历的成员比例并没有随着时间变化而明显上升，反而呈现出在波动中下降的趋势。这一现象颇为值得关注。

（三）专职化程度的变化

由于全国人大常委会组成人员并不都是专职委员，因此在考察全国人大常委会组成人员的专职化程度时，必须将专职化程度和连任比例结合起来。这样既有利于做纵向比较，也为横向比较提供参考。（如图1）

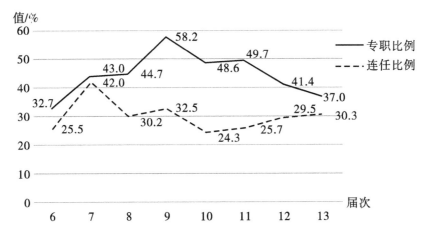

图1 全国人大常委会组成人员的专职比例与连任比例（1983—2018年）

（数据来源：自建数据库）

与年龄和知识结构的变化趋势不同的是，全国人大常委会组成人员的专职化程度呈现出一种比较复杂的变化趋势。自六届全国人大开始，全国人大常委会的专职化程度和连任比例都呈上升趋势。但是，自七届全国人大开始，全国人大常委会组成人员的连任比例则呈下降趋势。专职化比例则从九届全国人大开始，总体一直呈下降趋势。十届全国人大常委会引进"专职委员"以来，全国人大常委会组成人员专职化程度的下降趋势并没有明显改变，连任比例倒因此而呈逐渐上升趋势。不过可以肯定的是，与六届全国人大常委会相比，十三届全国人大常委会这两个指标都要高于基准数。

（四）职业生涯指标

以前期的研究为范本，本文首先考察全国人大常委会组成人员在任职之前所属的工作系统，以透视这些组成人员的政治录用模式。（见表5）这一考察既可以作为全国人大常委会组成人员优化模式的一个组成部分，也可以为后续研究揭示全国人大常委会组成人员所代表的"政策群体"提供启示。

表5 六至十三届全国人大常委会组成人员的任前职务所属系统（1983—2018年）

单位:%

届次	中共中央	全国人大	国务院	政协群团	两高[①]	经济组织[②]	学术机构[③]	军队	地方
六届	6.1	9.1	16.4	12.1	0.6	1.8	15.2	12.1	26.7
七届	5.7	21.0	13.4	12.7	0.0	3.2	9.6	5.7	28.7
八届	5.0	12.6	19.5	15.7	0.6	3.1	9.4	6.9	27.0
九届	6.3	15.2	15.8	14.6	1.3	6.3	10.1	5.7	24.7
十届	6.2	11.3	16.4	10.7	1.1	2.8	14.1	6.8	30.5
十一届	5.1	17.7	13.7	14.9	0.6	0.0	8.6	7.4	32.2
十二届	5.7	20.1	10.9	11.5	1.7	0.6	9.8	6.9	32.8
十三届	6.3	18.9	11.4	12.6	2.3	1.7	16.0	5.1	25.7

数据来源：自建数据库。
①两高：最高人民法院和最高人民检察院。
②经济组织：中央直属企业及相关机构。
③学术机构：中央直属高校及科研机构。

从表5可见，自1983年至2018年，全国人大常委会组成人员任前职务比例最大的群体是来自地方的相关机构代表，不过这一群体的比例整体上经历了一个先增后减的过程。整体上一直呈递减趋势的群体是来自国务院和军队的组成人员。来自中共中央、政协群团和学术机构的组成人员则维持着相对稳定的比例。来自全国人大的组成人员则总体呈增长之势。

显然,来自全国人大机关的组成人员和专职委员比例的提升,更加有利于全国人大常委会按照代议机关的性质开展工作。而来自国务院和军队系统的组成人员比例的降低,也在一定程度上改变了全国人大常委会作为高级官员"退休中转站"的色彩。不过,来自地方的组成人员比例的下降和经济组织成员比例的低下,表明全国人大常委会在追求组成人员专业化水平提升的同时,比较难以平衡代表性。

但是仅凭全国人大常委会组成人员的任前职务来源,还只能看到全国人大常委会组成人员录用模式的一个侧面。为了弥补前期研究的不足,本文补充了全国人大常委会组成人员在任期间的职务分布模式。(见表6)

表6 六至十三届全国人大常委会组成人员在任期间的职务所属系统(1983—2018年)

单位:%

届次	中共中央	全国人大	国务院	政协群团	两高①	经济组织②	学术机构③	军队	地方
六届	5.5	29.1	2.4	22.4	0.0	1.8	14.5	2.4	21.8
七届	3.8	39.5	3.8	14.6	0.0	4.5	11.5	1.9	20.4
八届	2.5	37.7	1.9	19.5	0.0	3.8	10.7	3.1	20.8
九届	1.3	54.4	0.6	10.8	0.0	4.4	8.2	0.6	19.6
十届	4.0	42.4	0.6	15.3	0.0	1.7	12.4	0.6	23.2
十一届	2.9	47.4	0.6	16.0	0.0	0.0	9.7	0.0	23.4
十二届	5.7	38.5	1.7	19.0	0.0	1.1	8.6	1.1	24.1
十三届	4.6	37.1	1.7	16.0	0.0	1.7	14.9	2.9	21.1

数据来源:自建数据库。
①两高:最高人民法院和最高人民检察院。
②经济组织:中央直属企业及相关机构。
③学术机构:中央直属高校及科研机构。

从表6可见,由于《宪法》规定全国人大常委会组成人员不能兼任本级"一府两院"的职务,在任的全国人大常委会组成人员无一人在"两高"任职,但仍有小部分组成人员在国务院所属的机构或派出机构中担任顾问或驻外官员。与任前职务所属系统相比,原来在国务院系统工作的官员加上原来在全国人大常委会工作的成员之和,大致等于在任期间的全国人大常委会组成人员实际职务属于全国人大的人数。因此在任期间的全国人大常委会组成人员中的最大比例群体都在全国人大常委会之内，而且这一比例已经从1983年的29.1%提升到了2018年的37.1%。但同时值得注意的是，在任期间仍然在地方工作的组成人员则略低于任前在地方工作的比例。另外，无论是任前职务还是任中职务，来自经济组织的成员比例一直都非常低。

六、结论与讨论

在前期研究的基础上，本文从全国人大常委会组成人员内部结构优化的角度，展示了全国人大常委会能力提升的一个重要方面。通过本研究可以发现，全国人大常委会组成人员的内部优化模式表现为：平均年龄呈下降趋势，学历结构呈上升趋势，来自全国人大常委会机关的组成人员比例呈上升趋势，在任期间实际职务在全国人大常委会的成员比例呈上升趋势。与此同时，连任比例呈先升后降再升的趋势。这些发现都印证了本文的假设，即全国人大常委会组成人员的优化构成了全国人大常委会能力提升的一个重要方面。

本文所揭示的这一趋势表明，全国人大常委会组成人员结构优化与全国人大常委会的行动策略、领导和组织体系的强化，以及代表结构及其行为变化，共同构成了全国人大常委会能力提升的组成要素。这一趋势的揭示进一步深入解释了前期研究中关于全国人大常委会能力提升目标为什么能够实现的问题。同时，在比较视野下，全国人大常委会的这一优化历程也表明，在基本结构没有发生变化的背景下，通过优化组成人员结构的方式，也可以在一定阶段内实现代议机构的能力提升。

在实践意义上，本文所揭示出的趋势表明，全国人大常委会在优化组成人员结构方面所做的努力已经显现出了一定的成效，尤其是在组成人员的年轻化、知识化和连任比例方面已经取得了明显的效果。全国人大常委会组成人员任职模式的变化也表明，来自全国人大常委会并且在任期间主要在全国人大常委会工作的群体比例优化已经取得了明显成效。不过结合其他变化趋势也表明，在接下来的优化改革过程中，需要着重考虑组成人员年龄结构和知识结构的合理化标准，注意全国人大常委会组成人员的参政议政经历，并且在提升专职化程度的同时平衡专业化与代表性之间的关系。

基于 A 市经验观察的地方人大代表履职中的地域代表性和行业代表性研究*

楼笛晴　杨　惠　田肖肖**

一、导　论

在现代政治生活中，选举这一民主制度不论对于何种政体都发挥着关键的作用，它是民主国家公民个人权利的实现方式，也是非多党竞争性威权国家维护政权存续的路径选择。国内外大量的文献就代议制度对政权合法性的影响进行了探讨。大部分学者认为，随着公民素质的提高，民主意识的觉醒，威权政体执政当局往往会通过建立名义性的民主制度，一方面获取自下而上的信息，另一方面将可能存在的潜在对立势力吸纳到政治体制中，以权力分享的方式内化政权稳固的威胁（Gandhi 2008；Gandhi & Przeworski 2006；Wright 2008；Geddes 2006；Malesky & Schuler 2011）。其直接体现为，绝大多数的威权政体国家都建立了代议制度（Magaloni & Kricheli 2010）。作为代议机构中主角的议员，选举赋予其身份的合法性的同时，也在一定程度上承担了选民的角色期待。在任意一个异质性的国家，民族、宗教、党派、性别等都可能成为选民选举议员的考虑因素，也正是这样，议员的选举也成为不同群体之间利益协调的重要方式。然而，这些被吸纳至政治体系中的议员，是否能发挥代表性，并为所在群体发声，一直是学术界关注的问题。

在实际操作中，不同政体执政者就不同群体的利益能够被纳入政策过程做出了很多努力，普遍做法为在政治选举中通过规定代表比例、配额制、划分选区等方式来确保特定群体，尤其是少数群体或弱势群体的声音能够进入政治系统，以拓宽参政渠道，从而促进特定群体意志得以实现。现有文献也为这些政治举措提供了理论依据，如有文献从种族的角度对美国国会议员的代表性进行研究，发现种族结构的重新分配确实能够影响国家政策输出（Shotts 2003；Reingold & Smith 2012）。也有部分学者从性别配额制出发，通

---

* 本文受教育部人文社科青年基金项目"地方人大代表履职绩效、代表角色和代表连选连任之间的联系"（17YJC810012）资助。

** 楼笛晴，武汉大学政治与公共管理学院副教授，硕士生导师；杨惠，清华大学社会科学学院博士研究生；田肖肖，中山大学政治与公共事务管理学院博士研究生。

过分析政治保留对政策决策的影响，发现针对女性的席位保留显著地影响了公共物品提供类型，女性议员会更多地投资于与性别需求直接相关的政策（Chattopadhyay & Duflo 2004；Reingold 2008）。

而在我国，人民代表大会制度作为根本政治制度，是代议制民主的集中体现，也是人民当家作主、管理国家的保障和根本形式。为了保证人大代表能够兼顾不同选民的利益，赋予选民均等的利益表达机会，我国以选区划分、比例规定的方式实现人大代表的代表性、广泛性和先进性。具体而言，我国的选区划分方式多元，兼顾了选民居住和工作状况。此外，从中央到地方，几乎各级各地人大常委会都对人大代表的结构有着专门的正式或隐性的规定，如对代表的数量及分布有着精心的设计，"应当有适当数量的基层代表，特别是工人、农民和知识分子代表"[1]，党的十七大报告明确提出："建议逐步实行城乡按相同人口比例选举人大代表"，党的十八大报告也专门提出"提高基层人大代表特别是一线工人、农民、知识分子代表比例"[2]。《宪法》则规定在选举上坚持民族平等，保障各少数民族人民都有平等的选举权，要有适当数量的代表参加各级人大。为了使人大代表更好地发挥实质性作用，我国对人大代表的结构调整也经历了明显的变化。

那么，人大代表行为模式是否与相关制度规范具有一致性，即来自不同选区与各行各业的人大代表是否能够从本选区和行业出发，为本选区和行业说话，体现"组织意图"？这就是本文所关注的焦点。

实际上，对我国人大代表行为的研究一直是理论和实务界共同关注的焦点，就人大代表是否具有代表性，部分观点认为其实质作用小于符号作用，更大程度上是维护政权合法性的名义性制度，代表性甚微，止步于"橡皮图章"。但笔者通过观察和访谈分析发现，被吸纳进人民代表大会的代表对其选民是有明显回应性的，他们会提出关乎其选区、行业的议案建议，部分代表甚至十分积极地为所在选区和行业"代言"。从这个维度看，人大代表显然并不是单纯的"门面"，而是在努力地发挥选民与公共权力之间的桥梁纽带作用，这似乎与西方成熟代议制下的议员代表行为并无太大差异。

基于此，本文试图基于实证的视角，分别从地域和行业两个维度来分析人大代表履职中的代表性。通过对我国中部地区 A 市十一届人大中 502 名人大代表的履职行为进行实证研究，主要探究以下几个问题：我国人大代表是

---

[1] 全国人民代表大会：《全国人民代表大会关于修改〈中华人民共和国全国人民代表大会和地方各级人民代表大会选举法〉的决定》，见中国政府网（http://www.gov.cn/flfg/2010-03/14/content_1555450.htm），2016 – 12 – 24。

[2] 胡锦涛：《坚定不移沿着中国特色社会主义道路前进 为全面建成小康社会而奋斗》，载《人民日报》2012 年 11 月 18 日，第 1 版。

否存在为所在地域和行业争取利益的行为？如果存在，分别是哪些代表的地域和行业代表性更强？他们在为地域和行业争取利益时具体的行动机理是什么？

二、文 献 综 述

政治领域的代表性是否有用？这是政治科学领域持续争论的一个话题。公民组织和新闻媒体主张，政治领域描述代表性的不均衡最终导致政策结果输出的不均衡。这一主张背后的逻辑很显然：假设代表在代议过程中具有平等的权力，那么在立法机关中，被过度代表的群体将拥有更多的代表席位，在政策分配中也将相应获得更大的回报。

尽管这一说法听起来十分直观，但是在实证研究上许多学者发现了证据来佐证这一观点。Rohini Pande（2003）检验了印度议会选举中各州实行的"保留席位"这一配额制的影响，发现在阶级制度严苛的印度，选举过程中为贱民（主要包括表列种姓和表列部落）保留特定席位，在政策输出中着实为这一弱势群体带来了实质性的分配结果。Yusaku Horiuchi 和 Jun Saito（2003）利用市级层面的数据分析了1994年日本选举改革对政策结果的影响，发现旨在改善众议院代表权不平等的现象，1994年选举改革重新划分了选区和议员席位，之前被过低代表的选区在选举改革之后拥有更多的议员席位，随之在财政拨款上从中央政府获得了更多的资金支持。即使在司法领域，描述代表性对政策结果的影响也非常显著。Guy Grossman 等（2016）从以色列法官小组的族裔结构出发，重点关注阿拉伯裔法官在刑事审判中是否会为阿拉伯裔被告人的利益据理力争。该研究发现，当阿拉伯裔被告的案件由至少一名阿拉伯法官构成的法官小组审理时，相比全为犹太裔的法官小组，他们获得的处罚更为宽松，监禁率降低14%～20%，刑期减少15%～26%。可见，在司法领域，描述代表性确确实实影响审判结果。

然而，部分学者提出了相反的观点，否定了政治领域代表性的作用。同样关注印度议会选举中配额制的影响，Dunning 和 Nilekani（2013）指出，建立在种姓制度基础上的配额制并未给受到配额制照顾的弱势群体带来实质性的利益分配，政策分配结果更多依赖党派的偏好和影响力。Anderson 等（2016）分析美国州议员的履职行为时发现，党派对于议员决策的影响远远胜于选民偏好的影响，这一影响主要通过委员会提名、议程设置等制度因素施加。这些研究基于不同的时间节点、观察样本、实证模型，得出了完全相反的结论，留下了无限的探讨空间。笔者不禁怀疑，在中国这一缺乏党派竞争的政治环境中，政治领域的代表性能否得到发挥？

显然，在我国的政治实践中，这一问题更为复杂。从根源来看，代议制存续的基础——选举，其竞争性在我国一直受到质疑，人大代表选举更多被看作自上而下的政治吸纳过程，而非自下而上政治参与的过程，学界和公众对人大的认知很长一段时间停留在"橡皮图章"之上。欧博文（1994）指出，20 世纪 80 年代以前，我国人大代表在实践中几乎不存在参与政策制定、服务选民等情况，在强大的党委和政府机构笼罩下，人民代表大会仅仅起到装饰性作用；人大制度重建依赖，人大代表会反映公众意见，也会不断地给政府提出意见建议，但是由于其授权并不是来自选民，因此他们更多扮演的是国家代理人的角色（O'Brien 1994）。黄冬娅和陈川慜（2015）利用 2013—2014 全国县级人大代表抽样调查数据分析发现，近年来人大代表履职更为积极，但是积极履职的人大代表并不倾向于以投票行为来表达不同意，仍然扮演了"谏言者"甚至"国家代理人"的角色，其多重身份交叉并未发生根本转变，成为"民意代表"。一些研究则持不同观点，发现人大代表开始逐渐具有地域代表性和行业代表性。Tomoki Kamo 和 Hiroki Takeuchi（2013）对扬州市人大代表于 2001—2005 年所提交的部分议案进行分析后发现，越来越多的人大代表在为当选地域的选民争取利益，且地方人民代表大会已经成为一个地方各种利益冲突和协调的平台。这种冲突出现于代表地方利益的人大代表和代表国家利益的地方党委之间。同时，加茂具树（2008）通过个案研究和文本资料分析，发现人大代表的活动具有设法谋求原选区或选举单位利益的特点，且其认为代表的这种回应性体现出人大代表正确地履行了《中华人民共和国全国人民代表大会和地方各级人民代表大会代表法》第四条所规定的代表应当"与原选区选民或者原选举单位和人民群众保持密切联系，听取和反映他们的意见和要求，努力为人民服务"这一职责。墨宁（Manion 2014）在安徽省抽样调查数据的研究上，也发现地方人大代表在意识和行为上都开始回应选民。在意识上，大部分地方人大代表赞同人大代表应该与选民保持一致；在实际行为中，代表反映民意活动的频数也相当高，倾向于为选民解决实际困难，积极反映所在选区的利益诉求，且存在大量的"肉桶政治"现象，可见，地方人大代表已经具有了显著的"地域代表性"。桑玉成和邱家军（2010）以十一届全国人大二次会议人大代表所提出的议案和建议为样本进行分析，发现企事业单位的代表，尤其是企业单位的代表一部分已经具有至少是为本单位"代议"的意识，这说明一部分代表出现了行业代表的意识。

综上，既有研究对于代表性进行了理论和实证上的探索，并提出了重要洞见。然而，也有研究存在一定的局限性。第一，对代表性的探讨更多的是进行理论描述或介绍性探讨，或零星地分布于章节中，未能进行系统性的探讨。第二，研究多以问卷调查或定向访谈资料为基础，对代表履职的测度仍停留在代表对于个人代表履职的主观认知方面；或者对议案进行了个案研究方面的探索，但是未能对议案建议内容进行深入挖掘。因此，笔者试图基于议案建议的系统分析，探究我国地方人大代表在履职中的地域代表性和行业代表性。

三、研究设计

（一）研究假设

基于现有研究及现实观察，我们提出以下研究假设，一方面检视现有国内外研究的结论是否适用于中国地方人大的实际情况，另一方面深入分析人大代表的实际行为模式是否与相关制度规范具有一致性。

假设1：代表的职业背景会对代表的代表性产生影响

假设1a：来自企业的代表更倾向于为行业争取利益，有着更强的行业代表性

随着我国市场经济的不断发展，一方面为了进一步巩固经济发展的果实，团结经济发展的主力军；另一方面为了维护政权稳定，国家通过人民代表大会制度将这些企业的佼佼者吸纳进政治体系，凭借政治吸纳对企业代表地位予以肯定和承诺，并通过利益分享的方式保障其更好的经济发展权利。同时，对于来自企业的代表而言，人大代表这一身份建立起来的政治关联，为企业家阶层提供了为自身乃至整个行业谋利益的机会，使他们能够在履职中反映企业发展的困难，争取上级领导的关注和政策倾斜，从而提高经济效益。这一点与部分学者的观点不谋而合，有学者认为行业型代表者的职务多为大型企业的董事长或总经理，他们往往是所在行业的领军人物或佼佼者，他们的参政动机也越来越务实，集中在寻求保护自身合法权益的政治后盾、寻求反映需求的渠道、实现自我价值这三个基本方面（赵丽江 2006；王龙飞 2016）。

假设1b：拥有基层干部身份的代表更倾向于为选区争取利益，地域代表性更强

在我国，基层干部背景的人大代表往往来自社区、街道和村委会，和选民的接触最为频繁，他们的职业属性决定了其能够有更好的机会感知和觉察社会所存在的问题，其职业优势也使其能够近距离发现辖区内的问题。再加上受其职业的限制，基层干部往往缺乏"向上"反映问题的具体途径，因此，人大自然成为其反馈问题的较为顺畅的渠道，而这些问题往往与其所在选区是分不开的。正是由于来自基层的代表与选民的紧密联系，选民会主动向代表们反映问题，也正是这种代表和选民之间的互动强化了基层代表的地域代表性。

假设 1c：知识分子代表更倾向于为全市争取利益，更具有地域代表性和行业代表性

通过观察和访谈，我们发现拥有知识分子背景的人大代表，往往更有全局意识，其能力和知识储备促使其在提出意见和建议时更多地从宏观维度出发。现有的大量文献也表明，知识背景在一定程度上会对政治参与产生积极的影响（La Due Lake & Huckfeldt 1998；Hillygus 2005；Putnam 1995）。正如皮特金所认为的那样，"代表首先必须有能力做出有效的行为"，否则，根本就不能称之为代表（Pitkin 1967）。知识分子往往受教育程度更高，理论知识更强，因此，对当选代表而言，他们必须具备相关专业化的素质，把履行代表功能作为自己的职业（王浦劬 2006）。

假设 2：中共党员背景的代表地域代表性更强

党派背景在西方国家的政治参与中有着关键的影响，本研究也对这一变量感兴趣。在我国政治背景下，中共党员往往活跃在各个领域中，且多为这些领域的佼佼者，能够顺利进入人大系统内，在一定程度上说明他们对执政党有更多的政治忠诚，这种政治忠诚可能促使其积极发挥代表性。此外，相对而言，拥有中国共产党背景的人大代表较民主党派及无党派代表进入人民代表大会的渠道更多元，因为他们广布于按照单位、居住地划分的选区，后者则更多地来源于按机关单位划分的选区。从这个角度看，中共党员背景的人大代表有着更多来自居住地选区选民的支持，其地域代表性更强。

假设 3：有任职经验的代表，地域代表性和行业代表性都会更强

是否有任职经验，对于代表的履职质量会产生影响。拥有代表经验的连任代表往往深谙所在行业和选区的实际情况，他们在职的时间更长，对于代表工作的规则更为熟悉。此外，既然能够连任，那么在一定程度上就说明了选民对人大代表的认可，作为回馈，此类代表会更加积极地代表选民发声，其代表性相比无任职经验的人大代表会更强。

（二）数据

本文所使用的数据由作者的自建数据库和访谈数据两部分构成，样本来源于我国一市级人大。A 市，中部六省中唯一的副省级市和特大城市，中部地区的中心城市，下辖 13 个区，常住人口 1076.62 万人。选取该市人大作为研究对象主要基于三个原因：其一，在我国人民代表大会的五级划分中，市级人大刚好处于人大体系中的居中位置，具有承上启下的独特优势，既了解基层情况又能及时掌握国家宏观政策，能将微观和宏观有机统一，具有履职角度全面性的特点；其二，A 市为我国中部城市，未经历沿海城市经济的高速发展，也整体相较西部城市更为开放和发达，避免了样本选择中可能出现的异常情况;其三,基于数据的可得性,A市人大常委会为我们提供了十一届人大的完整议案及建议资料。

自建混合数据库的数据主要来源于两个方面:

其一,A市十一届人大代表的个体资料,具体包括代表的性别、年龄、党派、职业、教育程度、任职经验和退休情况等特征。

其二,2003—2006年十一届人大所有代表议案和建议汇编。按照《中华人民共和国全国人民代表大会和地方各级人民代表大会选举法》《中国人民解放军选举全国人民代表大会和县级以上地方各级人民代表大会代表的办法》,2002年12月,由13个区级人大及驻军分别选出共计14个代表团557名人大代表,人大常务委员会确定557名代表资格有效①,于2006年12月换届,历时4年。其间提出的议案、建议,共计2526件。

我们专门对A市十一届人大557位代表四次会议的提案总数、均值、标准差等基本情况进行了统计和描述,表1和表2分别显示了A市557位人大代表十一届四次会议的所有提案和第一提案的基本情况。从中可以看出,人大代表的提案数在四次会议中逐年增长,某种意义上反映了代表更加积极,参政议政情况不断改善,且平均每人以第一提案人的身份提出4.4条议案建议,其中最积极的代表提出了136条。为了探究每个代表的履职情况,我们将代表进行编码,并比较了四次会议中代表的提案情况(如图1),可以看出四年中代表履职情况大体类似。部分代表在履职时是十分积极的,但每年80%以上的代表参与提案的数量都较为稳定,为10件以内。

表1 A市十一届人大代表提案情况 (N=557)

时间	均值	标准差	最小值	最大值	总计
2003年	4.54	5.01	0	42	513
2004年	4.41	5.36	0	51	640
2005年	4.53	5.00	0	42	670
2006年	4.56	5.51	0	40	703

表2 A市十一届人大代表第一提案人提案情况 (N=557)

平均提案数	标准差	最小值	最大值	合计
4.4	9.29	0	136	2526

---

① 十一届代表名单因代表调任、逝世、撤职中途有所变动,但由于作者未得到每年具体变动情况和补选代表资料,只能使用最初任职名单进行分析,补选代表未纳入其内。

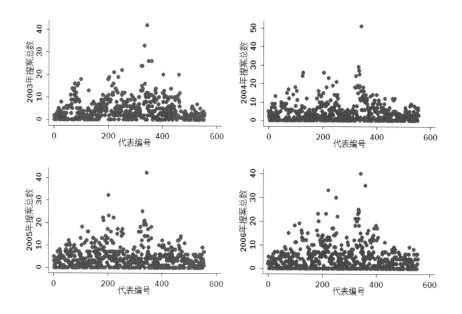

图 1　A 市十一届人大代表提案分布情况

为了保证代表履职行为的完整性，避免研究结果的偏差，我们排除了中途终止职务的代表和军队代表团代表[①]，最后样本数为 502。选取代表所提议案建议作为履职考察原因在于：人大代表闭会期间的视察、调查、联系选民等行为，往往会以议案、建议的方式来进行表达；其次，人大代表提出的议案和建议较之于其审议、选举等履职行为和活动更为具体、准确，且可观察度更高；另外，通过关注代表提出议案、建议，我们能够直接观察到代表的个人行为，议案、建议的提出是人大代表基于其自由意志的选择，可以体现其较强的自主性，这对于反映人大代表的履职判断有着非常重要的作用；此外，我们在对代表和人大常委会工作人员的采访中，他们一致反映自己会精心撰写提交议案、建议，因而它们也最能体现人大代表的履职情况；更为重要的是，议案建议因其具有系统性和一致性，目前是人大研究中被最广泛使用的研究代表行为和表现的衡量标准（黄冬娅 & 陈川慜 2015；何俊志 & 王维国 2012；何俊志 & 刘乐明 2013；桑玉成 & 邱家军 2010）。

另一部分数据来源于访谈。我们访谈了 A 市十一届人大多位代表，访问内容围绕代表的当选、代表工作认知、代表的代表性及连任意愿等方面展开，

[①] 排除军队代表团代表原因在于，这些代表与其他代表的产生基于不同的法律条款和选举基础，在具体选举操作中亦存在显著性差异，笔者认为将其与其他基于地域产生的选区代表放在同一基准模型中进行分析并不恰当。

比如①代表最初如何当选；②怎么定义自己的代表身份；③代表的工作内容和履职动机；④代表和选民的联系情况；⑤代表的提案产生情况；⑥代表的连选连任意愿；⑦代表认为自己的履职工作应该对谁负责，谁是关系到自己连选连任的关键角色；⑧对人大工作发展的看法；等等。访谈是课题组在官方网站查找代表联系方式，事先通过邮件或电话预约的。在被访谈的人士中，知识分子所占比例较高。

（三）变量定义与描述

1. 被解释变量

本研究考察地方人大代表两方面的代表性，即地域代表性和行业代表性。这两种代表性的具体测度方法如下（如图2）。

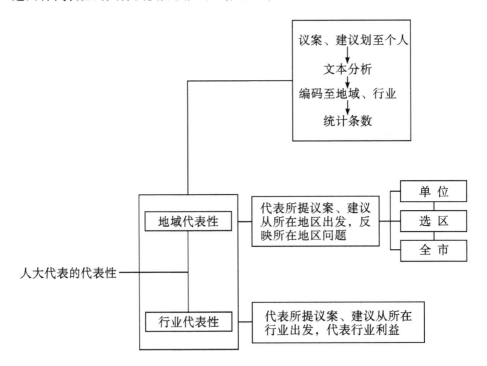

图2　A市十一届人大代表地域代表性和行业代表性的测度方法

我们首先将代表联名提出的议案、建议划分至代表个人，依据代表名单整理出A市十一届人大四次会议每个代表所提的议案建议情况。然后对议案建议的具体内容进行文本分析，将其内容指向编码至地域、行业的两个类别，统计各项内容的建议、议案数目作为被解释变量地域代表性和行业代表性的测度。编码由三人独立完成，分歧在10%以内，确保了数据的效度。其中，"地域代表性"主要指人大代表所提议案和建议的内容从其所在单位、选区和全市的发展角度出发,就具体的方面(如市政建设、税费补贴、工程项目等)提出意见、建议,反映特定地域的特定问题,向市里争取支持和帮助。需要注意的是,我们通过分析有层次的地域代表性以使得研究更深入、更系统。"行业代表性"指人大代表从自身行业出发,反映所在行业的诉求,维护行业的群体利益,例如,企业人大代表倡导经济利益和市场化改革,教育行业代表呼吁加大教育投入。

2. **解释变量**

本文的解释变量为人大代表的职业背景、党派(是否为中共党员)、任职经验(描述性统计见后文表5)。以A市人大代表的具体职业为基准并结合已有研究,我们将人大代表的职业具体划分为14个类别:"戴帽"官员,事业单位领导,党政官员,人大领导,人大职能部门工作人员,国企领导,私企领导,国企、政府和事业单位中层,民主党派和社会团体领导,知识分子,基层干部,一线工人,军队代表,集体、股份和中外合资企业领导(见表3)。根据人大有关人员的信息反馈,"'戴帽'官员"指担任某些重要职务且必将被党组织提名进入人大代表名单的个人,包括市长、市委书记、市政府主要职能部门领导、各区区委书记、区长、人大常委会主任等。"党政官员"包括党政机关内部除"戴帽"官员以外的局级及以上级别的高层干部。"国企、政府和事业单位中层"指组织内部的中级管理人员,多数为技术骨干。"基层干部"包括镇长、村支书及街道办事处主任等人员。任职经验则通过人大代表是否在九届和十届人大任职来测量(见表4)。

表3 A市第十一届人大代表职业背景

职业背景	人数	百分比/%
"戴帽"官员	41	8.17
党政官员	93	18.53
事业单位领导	33	6.57
人大领导	29	5.78
人大职能部门工作人员	28	5.58
国企领导	80	15.94
私企领导	62	12.35
集体、股份和中外合资企业领导	9	1.79
民主党派和社会团体领导	17	3.39
国企、政府和事业单位中层	22	4.38

(续表)

职业背景	人数	百分比/%
知识分子	26	5.18
基层干部	53	10.56
一线工人	7	1.39
军队代表	2	0.40
总计	502	100

表4 A市十一届人大代表任职经验分布情况

任职经验	人数	百分比/%
任职于九届人大	39	7.77
任职于十届人大	128	25.50

3. 控制变量

根据已有研究，人大代表的履职代表性不仅仅受到职业背景、党派、任职经验的影响，其个体属性也将产生作用。因此，除解释变量外，我们还引入人大代表个体属性作为控制变量，包括性别、年龄、年龄平方、教育程度、民族、是否退休（见表5）。

表5 变量的描述性统计

变量名	N	均值	标准差	最小值	最大值
职业背景（见表3）	502			0	1
党派	502	0.84	0.37	0	1
任职经验					
任职于九届人大	502	0.08	0.27	0	1
任职于十届人大	502	0.25	0.43	0	1
人口统计学特征					
性别	502	0.80	0.40	0	1
年龄	502	48.51	7.03	26	66
年龄平方	502	2402.72	679.12	676	4356
教育程度	502	3.75	0.90	1	5

(续表)

变量名	N	均值	标准差	最小值	最大值
民族	502	0.99	0.99	0	1
退休情况					
男性退休	502	0.34	0.18	0	1
女性退休	502	0.18	0.13	0	1

(四) 研究模型

为了进一步探究地方人大代表行业代表性如何，我们用泊松回归对数据进行统计分析，建立模型如下：

$$Y = \alpha + \beta_1 * occupation + \beta_2 * party\text{-}membership + \beta_3 * experience + \beta_4 * control + \varepsilon$$

其中，Y 是被解释变量人大代表的行业代表性；α 是常数项；occupation、party-membership 和 experience 皆为本文的主要解释变量，分别为代表的职业背景、党派、任职经验；control 为控制变量，包括人大代表的性别、年龄、年龄平方、教育程度、民族、退休情况；ε 表示随机误差项。

由于被解释变量为连续变量，且为次数分布，同时议案和建议是代表在履职中专门提出的，因此本文采用泊松回归进行分析。

四、地方人大代表地域和行业代表性的实证分析

(一) 地方人大代表的地域代表性

表6 为 A 市人大代表地域代表性的泊松回归结果。如前文所述，为更深入地探究人大代表的地域代表性，我们将其分为单位、选区和全市来呈现，模型（1）、模型（2）、模型（3）分别体现了这三个层次。实证分析发现，我们所关注的基层干部和知识分子都具有较强的地域代表性，其中，知识分子是坚定的单位、选区和全市利益倡导者，为全市说话的代表行为最为显著（$p<0.05$），系数也更高，假设1c 得到验证（如图3）。此外，基层干部也有着较强的地域代表性，这种代表性更多地体现在选区和全市代表性两个层面，这与我们的假设 1b 是吻合的（如图4），即拥有基层干部背景的人大代表会更多地关注与选民密切联系的问题。此外，身处体制内的人大代表，如"戴帽"官员、党政官员、事业单位领导等皆不倾向于代表所在地域发声，呈显

著负相关,这可能与这些代表选举产生的方式有关,身居高位的代表往往是由政党提名的,与选民的联系可能相对较小,因此,问责性在人大系统中体现不明显。在我们所关注的党派这一自变量中,我们发现相较于民主党派、无党派人士和工商联代表,中共党员代表确实倾向于为选区代言,且 $p < 0.01$,假设2得以验证(如图5)。此外,任职经验也在一定程度上影响了人大代表地域代表性的发挥,担任过A市十届人民代表大会的人大代表,会监督单位、选区和全市的利益,三种代表性在统计上皆呈现出正向显著,p 值皆小于0.01,假设3得到验证,这也从侧面反映出任职经历对人大代表地域代表性的发挥有着重要的促进作用。同时我们要看到九届人大代表经验显著性或为正或为负,这主要由于这部分代表的样本过少。

表6 A市地方人大代表地域代表性回归分析结果

项目	单位代表性	选区代表性	全市代表性
	模型(1)	模型(2)	模型(3)
职业背景			
"戴帽"官员	-2.747**	-1.836***	-2.745***
	(1.111)	(0.14)	(0.175)
事业单位领导	-1.449***	-0.296***	-0.39***
	(0.411)	(0.073)	(0.069)
党政官员	-1.799***	-0.053	-0.366***
	(0.612)	(0.064)	(0.065)
人大领导	-15.087	-1.089***	-1.031***
	(696.668)	(0.132)	(0.114)
人大职能部门工作人员	-16.582	-0.469***	-0.789***
	(1300.089)	(0.096)	(0.097)
国企领导	-0.276	-0.216***	-0.443***
	(0.583)	(0.079)	(0.076)
国企、政府和事业单位中层	0.984*	0.219***	0.149*
	(0.576)	(0.085)	(0.08)
私企领导	-0.776	-0.157*	-0.472***
	(0.635)	(0.081)	(0.079)

(续表)

项目	单位代表性 模型（1）	选区代表性 模型（2）	全市代表性 模型（3）
民主党派和社会团体领导	-0.996**	-0.363***	-0.424***
	(0.476)	(0.093)	(0.085)
知识分子	2.034***	0.643***	0.512***
	(0.538)	(0.075)	(0.069)
基层干部	-0.646	0.689***	0.222***
	(0.618)	(0.067)	(0.068)
一线工人	-15.578	0.719***	0.185
	(2314.201)	(0.106)	(0.119)
集体、股份和中外合资企业领导	-0.189	-0.423***	-0.708***
	(0.797)	(0.158)	(0.148)
中共党员	-0.285	0.136**	-0.087*
	(0.271)	(0.055)	(0.049)
任职经验			
任职于九届人大	-1.136**	0.195***	-0.183***
	(0.568)	(0.068)	(0.07)
任职于十届人大	0.387*	0.294***	0.247***
	(0.233)	(0.04)	(0.038)
人口统计学特征	YES	YES	YES
退休情况	YES	YES	YES
常数项	-15.006**	0.308	-4.658***
	(6.164)	(0.851)	(0.896)
N	502	502	502
Prob > chi2	0.00	0.00	0.00
Pseudo R2	0.346	0.212	0.24

注：*$p<0.1$，**$p<0.05$，***$p<0.01$。

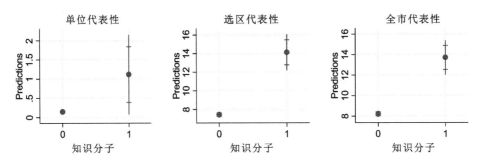

图3 知识分子背景人大代表的地域代表性

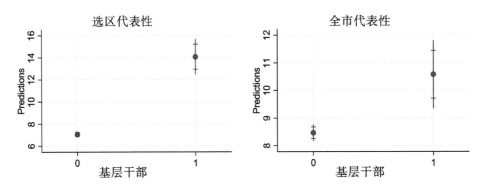

图4 基层干部背景人大代表的地域代表性

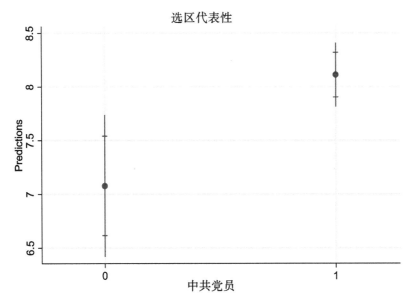

图5 中共党员身份人大代表的地域代表性

（二）地方人大代表的行业代表性

表 7 为 A 市地方人大代表的行业代表性泊松回归结果。首先，"戴帽"官员事业单位领导和人大领导不倾向于代表行业发声（$p<0.01$），这主要是由于党政官员身份的特殊性，其掌握着普通公民赋予的公共权力，因此，其政治行为必然会受到来自制度、环境的约束。由此可见，职务回避不论从硬性制度还是心理方面都制约了党政官员不应该利用职务之便为其所在行业谋取利益。无论何种类型的企业领导行业代表性都显著为负，这主要是因为这些代表在提及相关行业的议案、建议时实质上会明确提及单位，更多地为本单位而不是整个行业的发展考虑。知识分子和基层干部在行业代表性中也较为突出（如图6、图7）。此外，任职经验对行业代表性的正向影响得到进一步确认，假设3得到进一步验证（如图8）。

表 7　A 市地方人大代表行业代表性回归分析结果

项目	行业代表性
	模型（4）
职业背景	
"戴帽"官员	-0.907***
	(0.14)
事业单位领导	-0.477***
	(0.103)
职业背景	
党政官员	-0.059
	(0.081)
人大领导	-0.589***
	(0.15)
人大职能部门工作人员	0.431***
	(0.103)
国企领导	-0.843***
	(0.115)
国企、政府和事业单位中层	-0.226*
	(0.134)
私企领导	-0.518***
	(0.115)

(续表)

项目	行业代表性
	模型（4）
民主党派和社会团体领导	-0.52***
	(0.12)
知识分子	0.785***
	(0.104)
基层干部	1.109***
	(0.084)
一线工人	-0.058
	(0.176)
集体、股份和中外合资企业领导	-0.465**
	(0.215)
中共党员	-0.015
	(0.079)
任职经验	
任职于九届人大	-0.2**
	(0.096)
任职于十届人大	0.249***
	(0.056)
人口统计学特征	YES
退休情况	YES
常数项	-5.915***
	(1.347)
N	502
Prob > chi2	0.00
Pseudo R2	0.236

注：*$p<0.1$，**$p<0.05$，***$p<0.01$。

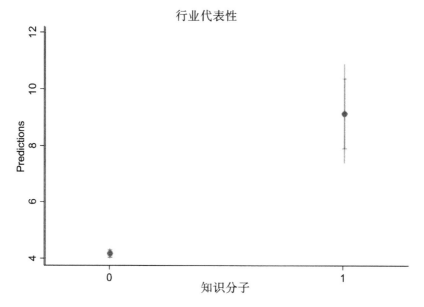

图 6　知识分子背景人大代表的行业代表性

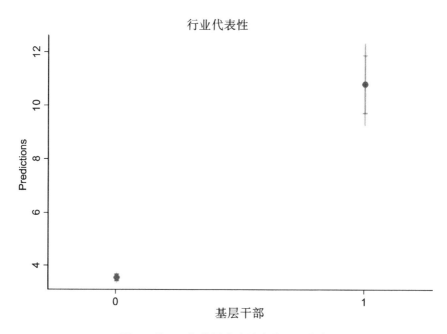

图 7　基层干部背景人大代表的行业代表性

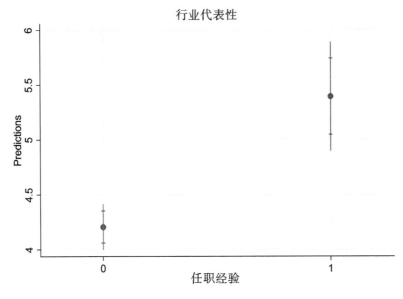

图8 任职经验（十届人大任职）与人大代表的行业代表性

综上，实证分析表明，人大代表的职业背景确实会对代表的代表性产生影响。知识分子代表具有很强的地域代表性，他们会为单位、选区和全市发声，基层干部也在积极地为单位和选区提出议案和建议。同时，知识分子和基层干部也更倾向于为行业代言。相比之下，党政官员等体制内领导代表不倾向代表地域和行业发声。此外，党派会显著影响地方人大代表的代表性，中共党员代表会积极地代表选区。更为重要的是，任职经验是影响人大代表地域和行业代表性非常关键的因素，获得连任的代表往往有更高的代表性。

五、议案和建议之中的地域和行业代表性

在2002年至2006年四年的代表议案和建议之中，我们可以找到若干代表基于所在单位、行业以及选区利益所提出的议案。

选区中的重要单位和关系国计民生、社会发展的重要行业一直是地方人大的代表结构所考虑的重要的描述代表性。我们发现这样的描述代表性在具体的议案和建议中正转化为实质代表性。

在下文中，我们将简要列出这些议案与建议。这些议案和建议也是对上文数据分析中变量的补充说明。

1. 代表所提出的具体的单位利益

（1）关于尽快解决W农场场办教师"三不像"问题的建议（2003年，3位代表）

主要内容：W农场的场办教师长期在身份不明、待遇不公的情况下工作，

农场无能力承担教育方面的投资。恳请政府尽快为农场"松绑",落实农场场办教师待遇。

这是一条关于某农场场办学校的教师未能享受公办教师待遇的议案。议案的三位代表都来自教育行业。其中的第一提案代表即来自农场小学的教师,所指问题直指农场场办教师面临的困境和现状。

（2）关于某电子股份公司买下公司门面办理土地证困难的建议（2003年,3位代表）

主要内容：某电子股份公司买下七间门面,手续齐全,房产证在一个月就办下来了,但土地证近四个月还没有办下来。建议土地有关部门给企业一个宽松的环境,加速办理土地证有关手续,便于企业尽快经营。

这是一条关于某集体企业面临办理土地证困难的建议。议案的第一提案人就是该电子股份公司的经理。这份建议直指本企业经营中遇到的问题。①

2. 代表所提出的具体的行业利益

（1）关于将开放利用 X 洲纳入市第十一个五年规划的建议（2005年,13位代表）

主要内容：X 洲是一块资源丰富、尚待开发的新区,建议将开放利用 X 洲纳入市第十一个五年规划,制定开放、利用 X 洲的相关政策,并配套相应的长效措施。

这是一条关于 X 洲规划与长期经济发展的建议。建议的内容直接指向 X 洲的定位、基础设施建设和经济发展。领衔这条建议的是该洲党委书记,而促进经济发展和提升基础设施建设正是地方党委书记的重要责任。

（2）关于确认国有划拨土地使用权抵押登记效力的议案（2004年,14位代表）

主要内容：恳请政府明确已向房产管理部门办理了房地产抵押登记的无须另行办理审批手续。

这是一条关于国有划拨地使用权抵押登记效力的议案,案由涉及抵押效力、银行的资产质量和安全,以及地区的融资环境。本议案由多个市级银行行长跨选区联名向该市人大提出。

（3）关于尽快制定医务人员权益保护法的建议（2004年,两位代表）

主要内容：在医患关系越来越紧张的社会背景之下,要求①坚决对影响医药正常工作秩序的人员给予治安处罚；②尽快制定出台医务人员权益保护法,以便医护人员安心为广大病员服务。

这是一条对于医疗行业的权益进行呼吁并要求政府出台相关法律对医疗

---

① 当然必须指出,地方人大对于代表不得利用职位为所在企业牟利有明确要求。

从业者的正当权益进行保护的建议。该建议对社会当前医患关系问题的社会和政治背景做了详细的论述，并要求在新的社会环境之中对医疗从业者的权益进行有效的法律保障。

这条建议由两位人大代表签署，两位代表均是医师。该议案第一提案人是一位副主任医师，另外一位是该市另外一所公立医院的院长。

（4）关于进一步落实学生素质教育的建议（2003年，两位代表）

主要内容：素质教育关系到中华民族未来的兴衰。目前学校受升学率的影响，在落实素质教育的很多方面都流于形式。建议：①教育行政主管部门要拿出具体鼓励细则来推动学生综合素质的提高；②应将学生社会实践成绩（获奖）和文体比赛成绩列入升学加分内容，鼓励多获奖多得分。

这是一条呼吁加强素质教育的建议，两位代表均是本地区教育界代表，且都为高校教师。议案的第一提案人是本地一所著名大学的乒乓球教练。

以上代表提出的议案和建议从所在的单位和行业出发，多反映了所在单位所处的困境和问题，或者行业所面临的具有一定共性的问题。这样的议案在2003年到2006年的议案总数中占有相当的比例。

由于地方人大代表制度在代表结构方面有一定的考虑，会将一定的代表数量给予当地重要的国有企业、教育机构、医疗机构等。我们看到，这些有人大代表的单位在实质代表性方面具有一定优势。这些单位的问题往往能够有更畅通的表达渠道，而没有人大代表的单位则在获得政策支持方面可能面临更多阻力。

此外，我们也观察到，来自不同行业的代表会为所在的行业代言，具有共同行业背景的代表会积极联名为行业的利益代言。我们发现议案中有律师代表联名所提出的关于实行司法改革的建议，也有公务员代表联名共同提出的要求平等改善各个层级公务员待遇的议案，还有各个区的居委会负责人提出的关于改善社区用房的建议，等等。这些为行业利益呼吁的议案和建议更有可能来自该行业的代表，也更有可能成为跨区的议案，即由多个来自不同选区但属于相同行业背景的代表共同提出。

在地方人大代表所提出的议案和建议中，我们看到地方人大的代表结构所考虑的行业描述代表性的确在一定程度上转化为代表实质代表性。

六、地方人大代表视角下的代表性

为了对研究结果有更为清晰的认识，把握其中的潜在影响机制，本研究对部分人大代表进行了访谈，以期对地方人大代表的地域代表性和行业代表性有更全面深入的把握。我们在对人大代表进行访谈的过程中，了解到地方人大代表对于代表工作的个人定位和理解。很多人大代表在访谈中主动提到自己所在的行业和单位对于指导自己的代表工作有着重要的意义,还有代表把为所在的行业和单位争取利益作为自己在代表履职工作中的一份责任。

W代表是民主党派代表,也是一位颇有声望的大学体育教练。他表示:

> 作为这个区的代表,要为所在选区做事情,我很关心身边的情况,比如××大学[代表所在学校,下同]周边的问题。……人民代表人民选,选出代表为人民,你要联系你的选区,如××大学,将人民的愿望反映上去,这是最主要的。

Z代表也是民主党派代表,同时是一位大学老师。在访谈中,他这样说道:

> 我虽然不是由××大学选区选出来的,但是我是××大学的,所以我要代表××大学的利益。

也有代表是"被迫"代表单位的利益的,比如H代表。她是民主党派代表,也是某职业病防治院副院长。她表示:

> [为单位提的建议]算是单位领导布置的任务:"你是人大代表,单位的困难你不反映怎么办?"

代表们对于行业的影响说的更多一些。

比如,W代表:

> 这些议案建议的提出都与我的行业是分不开的……因为我很多议案都是从专业的角度出发。我一直都比较关注科教文卫事业的发展,尤其重视学生的身体素质的提高。因为我就是做这个方面的,我知道学生身体健康对体育事业发展的重要性,而且从自己比较熟悉的行业出发,提出建议的深度和专业性更强。

W代表对自己的代表工作定位这样总结:

> 如果非要从所代表的人民群众中选择主要代表的人群,我最看重的还是行业和选区。

Z代表的感触是:

> 我估计,一般来讲很多代表在其代表工作中,更多的应该是从两个方面考虑:一是他的职业,二则是他所生活、工作的周边区域范围。比如私企老板,他可能更多地会从他们整个行业来考虑,而不仅仅是为他自己,其次,他住在哪里、在哪里工作,也可能成为他关注的重点。

H代表的专业是职业病防治。对于自己的行业和代表工作的关系,她有这样的论述:

> 我是职业病防治方面的,接触的是底层人、工人,他们职业病发病概率高。很多人对此没有认识,我国[在职业病防治方面还]较为落后。我的代表工作主要是为专业所面对的人群负责。……服务群体对我很重要,从职业角度出发,为工人群体说话,这些人没有代表,没地方说话。……我对责任这一块有感觉。我们这一行就我一个人大代表[指职业病防治]。[因此,我]不能回避责任。[我接触的都是]底层人。我不说谁说。

也有代表对于行业代表的意义思考了很多。例如在评价什么职业背景的代表能更好履职时,H代表有这样的考虑:

> [可以考虑]大学里学政治、学法律的,[或是]协会组织、行业协会的人。……他们了解社会秩序问题,他们也是制定社会秩序的人。

另外,也有代表特别说到代表经验的重要性:

> 刚开始有些人大代表可能提不出什么东西,只能提出修路灯这些小问题,这可能跟代表的眼光、经验等有关系。越到后面,其经验可能越成熟,提出的东西也就越成熟,而且很多代表到后来提出的议案还是特别有远见的。

从访谈中,我们有机会站在人大代表的角度了解代表履职的思路和想法。这些地方人大代表在访谈中所勾勒出的履职定位很多是从职业或者行业出发的,也有从本单位或本选区的利益出发的。这些构成了代表履职工作中的主要方面。

七、结 论

本文从实证的角度对地方人大代表中地域代表性和行业代表性进行了探讨。通过对我国中部地区A市十一届人大代表的履职行为的实证分析,发现人大代表的职业背景、党派和经验会对代表的地域代表性和行业代表性产生影响。具体来看,在地域代表性方面,基层干部和知识分子的地域代表性最为显著,但两者之间存在一定差异,基层干部更倾向于代表选区和全市的利益,而知识分子在单位、选区和全市各个层级的地域代表性都较为显著;在行业代表性方面,知识分子和基层干部也是行业代表性的积极参与者。此外,连任经验对于人大代表地域代表性和行业代表性的影响都显著为正。

基于本文的分析结果，笔者认为完善人大制度、优化代表结构应从以下三方面入手。一是降低官员代表比例，增加基层干部和知识分子代表的比例。实证分析发现，"戴帽"官员、党政官员及国企领导等履职平平且都不倾向于代表地域和行业，而事实上这部分代表的比例很大，这不利于人大整体绩效的提升。因此，应该降低官员代表的比例，增加比例较小，但代表性很强的基层干部和知识分子代表的数量，以践行人大代表沟通桥梁这一职能。二是鼓励地方人大代表积极履职，建立激励机制。在西方民主国家，议员联系选民制度促使议员为了争取连任而积极地回应选民，并热衷于履行议员职责。在我国，由于缺乏连任和物质方面的激励，人大代表往往缺乏履职动力。因此，应该从物质和精神的角度激发人大代表更多的履职热情，建立相关回馈机制，从人力、物力、财力多方面为代表履职保驾护航。三是我们国家人大代表制度也可以考虑实行全职代表制度。本文的发现之一是具有更多经验的代表会有更为出色的履职表现。

人大代表是否具有地域代表性和行业代表性，这是一个兼具理论和实践意义的议题。基于数据的可得性，本文进行了一定的探讨，但由于研究样本和篇幅等局限，研究仍存在不足。我们认为，未来的研究可以从以下三个方面着手：其一，综合更多层级和地域的人大进行纵向和横向的比较分析；其二，从历史的角度分析不同时期人大代表的代表性发展；其三，通过议案、建议内容指向来测量代表是否具有地域代表性和行业代表性，是目前能做到的具有可行性的测量方式，但是这种测量方式存在一定的局限性，未来的研究应该更加全面地测度代表的代表性。

参 考 文 献

何俊志，刘乐明. 全国人大代表的个体属性与履职状况关系研究 [J]. 复旦学报（社会科学版），2013（2）：113 – 121.

何俊志，王维国. 代表结构与履职绩效：对北京市 13 个区县的乡镇人大之模糊集分析 [J]. 南京社会科学，2012（1）：78 – 83.

黄冬娅，陈川慜. 县级人大代表履职：谁更积极？[J]. 社会学研究，2015（4）：169 – 193.

加茂具树. 人民代表大会：角色与功能的变迁 [J]. 复旦政治学评论，上海人民出版社，2008（1）：80 – 94.

桑玉成，邱家军. 从代表议案和建议看代表属性及其履职之效率：以十一届全国人大二次会议为例 [J]. 江苏行政学院学报，2010（1）：76 – 83.

王龙飞. 政治资本：作为县级人大代表的私营企业家 [J]. 上海大学学报（社会科学版），2016（4）：112 – 132.

王浦劬. 选举的理论与制度 [M]. 北京：高等教育出版社，2006.

赵丽江. 中国私营企业家的政治参与 [M]. 北京：中国经济出版社，2006.

ANDERSON, S E, BUTLER D M, HARBRIDGE L. Legislative institutions as a source of party leaders' influence [J]. Legislative studies quarterly, 2016, 41 (3)：605 – 631.

CHATTOPADHYAY R, DUFLO E. Women as policy makers：evidence from a randomized policy experiment in India [J]. Econometrica, 2004, 72 (5)：1409 – 1443.

DUNNING T, NILEKANI J. Ethnic quotas and political mobilization：caste, parties, and distribution in Indian village councils [J]. American political science review, 2013, 107 (1)：35 – 56.

GANDHI J. Political institutions under dictatorship [M]. New York：Cambridge University Press, 2008.

GANDHI J, PRZEWORSKI A. Cooperation, cooptation, and rebellion under dictatorships [J]. Economics and politics, 2006 (18)：1 – 26.

GEDDES B. Why Parties and elections in authoritarian regimes? [Z]. Unpublished manuscript, University of California, Los Angeles, 2006.

GROSSMAN G, GAZAL-AYAL O, PIMENTEL S D, et al. Descriptive representation and judicial outcomes in multiethnic societies [J]. American journal of political science, 2016, 60 (1)：44 – 69.

HILLYGUS D S. The missing link：exploring the relationship between higher education and political engagement [J]. Political behavior, 2005, 27 (1)：25 – 47.

HORIUCHI Y, SAITO J. Reapportionment and redistribution：consequences of electoral reform in Japan [J]. American journal of political science, 2003, 47 (4)：669 – 682.

KAMO T, TAKEUCHI H. Representation and local people's congresses in China：a case study of the Yangzhou Municipal People's Congress [J]. Journal of Chinese political science, 2013, 18 (1)：41 – 60.

LA DUE LAKE D, HUCKFELDT R. Social capital, social networks, and political participation [J]. Political psychology, 1998, 19 (3)：567 – 584.

MAGALONI B, KRICHELI R. Political order and one-party rule [J]. Annual review of political science, 2010, 13：123 – 143.

MALESKY E, SCHULER P. The single-party dictator's dilemma：information in elections without opposition [J]. Legislative studies quarterly, 2011, 36 (4)：491 – 530.

MANION M. Authoritarian parochialism：local congressional representation in China [J]. The China quarterly, 2014, 218：311 – 338.

O'BRIEN K. Agents and remonstrators：role accumulation by Chinese people's congress deputies [J]. The China quarterly, 1994, 138：359 – 380.

PANDE R. Can mandated political representation increase policy influence for disadvantaged minorities? Theory and evidence from India [J]. American economic review, 2003, 93 (4)：1132 – 1151.

PITKIN H F. The concept of representation [M]. Berkeley：University of California

Press, 1967.

PUTNAM R D. Bowling alone: America's declining social capital [J]. Journal of democracy, 1995, 6 (1): 65 – 78.

REINGOLD B. Women asoffice holders: linking descriptive and substantive representation [M] //WOLBRECHT C, BECKWITH K, BALDEZ L. Political women and American democracy. Cambridge: Cambridge University Press, 2008: 128 – 147.

REINGOLD B, SMITH A R. Welfare policymaking and intersections of race, ethnicity, and gender in U. S. state legislatures [J]. American journal of political science, 2012, 56 (1): 131 – 147.

SHOTTS K W. Does racial redistricting cause conservative policy outcomes? Policy preferences of southern representatives in the 1980s and 1990s [J]. Journal of politics, 2003, 65 (1): 216 – 226.

WRIGHT J. Legislatures and regime survival: why strong authoritarian institutions help democratization [Z]. Unpublished manuscript, Pennsylvania State University, Pennsylvania, 2008.

省级人大代表谁更积极？
——基于对 X 省人大代表的问卷调查和深度访谈的分析[*]

陈川慜 马钰贺[**]

"成为同人民群众保持密切联系的代表机关"，是中共十九大报告对各级人大及其常委会提出的新要求。改革开放以来，中国各级人大代表的履职积极性日益提高，许多代表开始积极地联系群众，反映人民各方面的利益诉求。然而，我们仍需看到，少数人大代表的履职积极性仍旧欠缺，"哑巴代表"依然存在。为何有的人大代表积极履职，有的人大代表却表现消极？为了回答上述研究问题，本文将基于对 X 省人大代表的问卷调查和深度访谈，全面评估人大代表的履职积极性，并对影响代表履职积极性的因素进行分析。

一、人大代表履职积极性：变化与解释

（一）人大代表履职积极性的提高

许多研究者注意到，改革开放以来，人大代表的履职积极性有了明显的提高。O'Brien（1989；1994）的研究发现，人大代表反映特定选区、地区、社会群体和全国的利益的现象已经出现，并对政治结果产生了影响。与传统的政权代理人的角色不同，部分人大代表开始扮演"进谏者"（remonstrator）的角色。他们积极反映民众的意见或提出自己的看法，针对特定的问题向政府提出批评建议，推动问题的解决和帮助政府改善工作。孙哲（2004）认为，全国人大建立了新的代表责任制，而当今的人大代表也逐渐展现出决策制定者的风貌，正在成长为一个具有自主性的团体。Xia（2008）的研究发现，省级人大代表中出现了越来越多的具有独立思考能力的人，他们努力改变国家—社会关系的边界，促使政府更多地回应人民的要求和对人民负责。Cho（2009）则认为，自 20 世纪 90 年代以来，地方人大代表开始扮演监督者、反映者和政策提供者的角色。Wang（2012）的研究揭示了一些人大代表真正关

---

[*] 本文受国家社科基金重点项目"人大代表选举制度改革的实证研究与理论解释"（17AZZ005）资助。

[**] 陈川慜，广东湛江人，华东政法大学政治学与公共管理学院副教授，哲学博士；马钰贺，华东政法大学中外政治制度专业硕士研究生。

注到了与他们选区相关的利益和事务，人大代表在维护多元的社会利益方面的意识也在逐渐觉醒。Kamo 和 Takeuchi（2013）对扬州市人大代表 2001—2004 年的议案进行分析后发现，人大代表越来越代表选举他们的地方的利益和诉求，地方人大已经变成了一个表达和调和多种相互冲突的利益的场所。而 Manion（2014）对部分乡镇、县和市级人大的代表的问卷调查也发现，中国的地方人大代表已经把自己视为"代表"（delegate）并基于此而行动，他们会积极地为自己所在的地方选区争取特定的公共产品。Huang 与 He（2018）的全国性问卷调查发现，县级人大代表在"国家代理人"和"公民代表"的角色之间保持平衡。

（二）中国人大代表履职行为的影响因素

对于中国人大代表履职的影响因素，许多学者也进行了深入的分析。大多数学者从外部环境和人大代表客观属性的角度解释代表履职行为的差异，也有少数学者注意到了代表主观属性的影响。

1. 外部环境

学者们发现，经济、社会等外部环境对人大代表的履职行为产生了重要的影响。Lai（2001）对全国人大 1988 年的代表议案进行分析后发现，在人均上交中央财政收入较多的省份，其全国人大代表提出议案时也表现得更为积极。Sun（2011）对地方人大的研究则指出，社会分层和新兴社会阶层的兴起促进了人大代表结构的多样化，公民意识的觉醒也促使更多的公民主动联系人大代表反映诉求，这些都提高了人大代表的积极性和回应性。李翔宇（2015）对 G 省人大代表提出的代表建议和询问进行分析后发现，来自经济欠发达地区的代表往往比发达地区的代表更乐于表达地方利益诉求。Truex（2016）也发现，全国人大代表所提出的代表建议的主题与其所属省份的居民偏好和人口结构有着密切的联系。

2. 代表的客观属性

代表的职业、年龄、性别等客观属性也会对其履职行为产生重要影响。杨云彪（2006）的研究发现，在深圳市福田区人大代表中，"戴帽下达"人员、国家机关工作人员和医生、教师提交议案建议的数量较少，而居委会工作人员、企业高层、妇女、民主党派和其他人员在提交议案建议方面比较积极。此外，领导干部的议案建议反映的问题相对宏观，基层代表反映的问题更加具体；居委会工作人员反映的全部是与所在社区有关的一些问题；医生、教师提出的大多数是医疗卫生和教育方面的问题。何俊志、王维国（2012）对乡镇人大的研究发现，那些有着较多年龄大的代表、较多干部代表和较多党员代表的乡镇人大，在闭会期间提出书面意见和开展评议活动等方面有着更好的绩效。何俊志、刘乐明（2013）的研究则发现，全国人大女性代表提出的议案数要多于男性，年龄偏大的代表比年轻代表提出的议案更多，高学历代表提出的议案数多于低学历代表，而非官员代表比官员代表提出的议案更多。此外，在非官员代表中，企事业单位管理人员、民间组织的管理者和专业技术人员提出的议案数较多。黄冬娅、陈川慜（2015）对县级人大代表的研究也指出，领导干部代表在提出议案建议上表现较为消极，专职代表则表现得比较积极，而党员代表会更多地投反对票。

3. 代表的主观属性

少数学者注意到代表的动机、认知和态度等主观属性也会影响其履职行为。O'Brien（1994）的研究发现，部分人大代表之所以成为"进谏者"，主要出于下面的动机：一是受到自身的责任感、荣誉感和推动改变的意愿的驱动；二是希望在社区中受人尊敬乃至闻名遐迩；三是希望从平常工作中解脱出来并提高自己的自主性和地位；四是希望参与到政策的制定和执行的过程中；五是希望发展有价值的关系，以获得物质资源和其他各种利益。黄冬娅、陈川慜（2015）对全国县级人大代表抽样调查数据进行分析后发现，连任并不是激励代表履职的重要因素，连任意愿较强的代表反而更少地投反对票和弃权票。而那些主观认知自己是选民自主联合提名的代表会比其他代表更积极地提出议案建议。此外，威权主义价值观较强的代表会更少地投反对票。

（三）现有研究的局限

现有研究为我们理解人大代表的履职行为奠定了重要的基础。然而，这些研究仍存在一定的局限性。第一，现有研究主要通过人大代表提出的议案和建议来测量其履职积极性，而忽略了代表在人大会议期间的发言和闭会期间的代表活动，这使得我们难以全面了解人大代表履职的总体情况，对分析代表履职积极性的影响因素也可能造成一定的影响。第二，大多数研究通过代表的个人身份信息及其履职的客观数据对代表行为进行分析，基于问卷调查和深度访谈的研究比较少，这使得我们对影响人大代表履职的主观因素的分析仍然不足。此外，少数对人大代表的问卷调查和深度访谈针对的主要是基层人大代表，对省级人大代表的相关研究仍然缺乏。第三，大多数研究单独使用定量或定性的研究方法来对代表履职行为进行分析，而没有综合使用两类方法以互补不足。

因此，本研究将使用新的测量指标，对人大代表履职积极性进行更为全面的测量；并综合使用问卷调查和深度访谈两种研究方法，对影响人大代表履职积极性的各种因素特别是主观因素进行深入分析，从而更好地解释人大代表履职积极性的差异。

二、研究设计

（一）研究方法

1. 案例选择

本研究所选择的案例是 X 省人大代表。X 省是中国的沿海省份，改革开放的前沿地区，经济较为发达。

2. 问卷调查

本研究使用邮寄问卷法进行问卷调查。调查对象是 X 省人大代表（排除代表中的省市党和国家机关领导、省人大常委会机关领导及解放军代表团代表），总计 556 人。调查时间为 2017 年 9 月至 2018 年 1 月，是该届 X 省人大代表五年任期的最后一年。问卷调查是匿名填写的，以鼓励调查对象如实填答。此外，调查也得到了 X 省人大常委会相关部门的支持。

2017 年 9 月底，课题组向调查对象寄出问卷，并附上邮资已付的回邮信封。截至 11 月底，共回收问卷 111 份，回收率为 19.96%。当年 11 月底，课题组再次向全部调查对象邮寄问卷，并提醒尚未寄回问卷的代表填写问卷并寄回。截至 12 月下旬，新回收问卷 59 份，共回收问卷 170 份，回收率为 30.58%。同年 12 月下旬，课题组向全部调查对象发送短信，提醒尚未寄回问卷的代表填写问卷并寄回。最后，截至 2018 年 1 月初，新回收问卷 18 份，共回收问卷 188 份，回收率为 33.81%。

本文在分析数据时，根据全部调查对象的性别和职业结构对样本进行了加权处理，以提高样本的代表性。

3. 深度访谈

2017 年，课题组对部分 X 省人大代表进行了深度访谈，以了解影响代表履职的因素。每次访谈的时间为 1 小时左右，访谈前准备有访谈提纲，但提问时会根据受访者的具体回答进行调整。

（二）人大代表履职积极性的测量指标

本文的因变量是人大代表履职积极性。为了更全面、更准确地测量代表的履职积极性，笔者设计了新的测量指标，由议案建议、会议发言和闭会活动三部分构成，用于测量人大代表在最近一年的履职积极性，如表 1 所示。

表 1　人大代表履职积极性测量指标

一级指标	二级指标	计分方法
议案建议	议案数	每份议案得 1 分
	建议数	每份建议得 1 分
	审议政府工作报告	发言得 1 分，未发言得 0 分
会议发言	审议 2016 年国民经济和社会发展计划执行情况与 2017 年计划草案的报告、2017 年国民经济和社会发展计划草案	同上
	审议 2016 年预算执行情况和 2017 年预算草案的报告、2017 年预算草案	同上
	审议人大常委会工作报告	同上
	审议法院工作报告	同上
	审议检察院工作报告	同上
	审议人事任免	同上
	审议选举办法草案、省十二届人大部分专门委员会组成人员人选办法草案、监票人名单	同上
闭会活动	人大组织的视察调研	参加 2 次或以上得 2 分，参加 1 次得 1 分，未参加得 0 分
	党委、"一府两院"及其部门组织的调研	同上
	个人或多名代表相约开展的视察调研	同上
	代表小组活动	同上
	执法检查	同上
	参加座谈会、听证会	同上
	约见"一府两院"相关部门负责人	同上
	就省人大常委会审议的法规草案发表意见	同上
	接待群众的来访或回复群众的来信、来电	同上
	转交群众的信件、材料给有关部门	同上
	通过省人大的"一键通"平台反映意见	同上
	代表联络站（工作室）的活动	同上

各项二级指标得分的总和为各项一级指标的得分。① 各项一级指标得分经过标准化处理②后进行加总,得到人大代表履职积极性的总分,取值范围为 0～3 分。各项一级指标得分和总分的描述性统计如表 2 所示。

表 2 人大代表履职积极性各项指标的描述性统计

项目	原始数据				标准化数据			
	最小值	最大值	标准差	平均数	最小值	最大值	标准差	平均数
议案建议	0	8	2.193	2.49	0	1	0.274	0.31
会议发言	0	8	2.172	5.41	0	1	0.271	0.68
闭会活动	0	24	5.619	11.94	0	1	0.234	0.50
人大代表履职积极性	0.08	2.79	0.583	1.46				

(三) 解释变量

本文的解释变量分为人大代表的主观属性和客观属性两类。

1. 人大代表的主观属性

(1) 履职成就感

履职成就感是指人大代表因履行代表职责而获得的成就感。在问卷中,调查对象需要填答下列描述是否符合自身的情况:"作为人大代表,帮助群众排忧解难给我带来了很大的成就感。"完全不符合、不太符合、一般、比较符合、完全符合这五个选项依次赋值 1～5 分,得分越高表示履职成就感越强。调查结果显示,选择完全不符合的调查对象占 1.2%,选择不太符合的占 2.3%,选择一般的占 7.0%,选择比较符合的占 34.9%,选择完全符合的占 54.5%。这表明 X 省人大代表普遍获得了较强的履职成就感。

(2) 履职社会评价重视程度

履职社会评价重视程度是指人大代表对其履职工作的社会评价的重视程度。问卷要求调查对象填答下列描述是否符合自身的情况:"作为人大代表,我很在乎社会舆论对我履职工作的评价。"完全不符合至完全符合这五个选项分别赋值 1～5 分,得分越高表示代表对履职社会评价的重视程度越高。调

---

① 由于代表的议案建议数存在少量极端值,为了减少极端值的影响,本研究对议案建议的得分进行 5% 缩尾处理,即把最小和最大 5% 的值分别换成相应的 5% 分位数。
② 本研究采用"最小-最大标准化"的方法对三个一级指标的得分进行标准化处理,以保证各项指标的权重相同。计算公式如下:标准化数据 =(原始数据 - 最小值)/(最大值 - 最小值)。经过标准化处理后,各项一级指标的取值范围都介于 0 至 1 之间。

查发现，分别有4.1%，6.0%，26.1%，37.4%和26.3%的受访者选择这五个选项，表明多数代表重视社会如何评价自己的履职工作。

（3）社会责任感

社会责任感是个人对服务社会的责任感。问卷询问调查对象下列描述是否符合自身的情况："服务社会是我义不容辞的责任。"完全不符合至完全符合这五个选项分别赋值1～5分，得分越高表明代表的社会责任感越强。调查发现，选择这五个选项的比例分别为0%，0.8%，5.2%，35.0%和59.0%。这反映X省大部分人大代表有较强的社会责任感。

（4）政治效能感

政治效能感是指个人对自己影响政府决策的能力的主观评价。问卷询问调查对象对"我有能力影响政府的决策"这一表述是否符合自身的情况。完全不符合至完全符合这五个选项分别赋值1～5分，得分越高说明代表的政治效能感越强。结果显示，9.5%的人选择完全不符合，30.5%的人选择不太符合，41.6%的人选择一般，12.3%的人选择比较符合，6.2%的人选择完全符合。调查结果显示，不少人大代表认为自己影响政府决策的能力不强。

2. 人大代表的客观属性

（1）职业

本文将代表的职业分为党政机关干部、私营企业主、（其他）管理人员、专业技术人员和基层劳动者五类，其中，党政机关干部占14.3%，私营企业主占21.6%，（其他）管理人员占49.5%，专业技术人员占5.7%，基层劳动者占8.9%。

（2）党派

在调查对象中，共产党员占58.6%，民主党派占10.9%，无党派人士或群众占30.5%。

（3）常委会或专委会成员

在调查对象中，有12.7%的人是X省人大常委会或专门委员会的组成人员。

（4）上届代表

在调查对象中，有28.5%的人是上一届X省人大代表。

（5）性别

在调查对象中，男性占65.5%，女性占34.5%。

（6）年龄

调查对象的平均年龄是50.87岁，最小的33岁，最大的64岁，标准差为6.664。

（7）受教育水平

从调查对象的最高受教育水平来看，小学及以下占 0.6%，初中占 1.7%，高中/职高/中专占 14.3%，大专占 17.0%，本科占 35.5%，研究生及以上占 30.9%。

三、统 计 分 析

本文将使用线性回归模型对影响人大代表履职积极性的因素进行分析。模型（1）放入人大代表的主观属性，模型（2）放入人大代表的客观属性，模型（3）同时放入人大代表的主观属性和客观属性，其结果如表3所示。

表3 人大代表履职积极性的线性回归模型

项目	模型(1)	模型(2)	模型(3)
履职成就感	0.117(0.061)*		0.137(0.063)**
履职社会评价重视程度	−0.036(0.050)		−0.044(0.052)
社会责任感	0.123(0.080)		0.106(0.083)
政治效能感	0.121(0.049)**		0.113(0.053)**
党政机关干部 VS 基层劳动者		−0.040(0.231)	−0.001(0.219)
私营企业主 VS 基层劳动者		−0.061(0.216)	0.102(0.208)
（其他）管理人员 VS 基层劳动者		−0.140(0.190)	−0.128(0.181)
专业技术人员 VS 基层劳动者		0.075(0.270)	0.022(0.253)
共产党员 VS 无党派/群众		0.036(0.122)	0.083(0.121)
民主党派 VS 无党派/群众		0.237(0.177)	0.374(0.170)**
常委会或专委会成员		0.030(0.164)	0.006(0.153)
上届代表		0.286(0.127)**	0.124(0.121)
女性 VS 男性		−0.080(0.113)	−0.001(0.109)
年龄		−0.005(0.009)	−0.001(0.008)
受教育水平		−0.001(0.055)	−0.074(0.054)
观察值数	146	142	136
R 平方	0.112	0.015	0.132

注：*$p<0.1$，**$p<0.05$，***$p<0.01$。
括号中是回归系数的标准误。

从模型（1）可以看到，人大代表的履职成就感越强，其履职积极性也越高。此外，人大代表的政治效能感越强，其履职积极性也越高。但人大代表的履职社会评价重视程度和社会责任感对其履职积极性没有显著的影响。而从 R 平方来看,代表的上述主观属性对于代表履职积极性有一定的解释力。

模型(2)显示,担任过上一届省人大代表的代表履职积极性更高,而代表的职业、党派、常委会或专委会成员的身份、性别、年龄及受教育水平均对其履职积极性没有显著的影响。然而,从该模型的 R 平方非常小,表明代表的上述客观属性对其履职积极性缺乏解释力。

由模型(3)可见,在控制了人大代表的各项客观属性之后,其履职成就感和政治效能感仍对其履职积极性产生显著的正面影响。然而,在控制了人大代表的各项主观属性之后,是否担任过上一届省人大代表对代表的履职积极性的影响变得不显著。此外,民主党派代表与无党派或群众代表之间的差异变得显著,民主党派代表的履职积极性显著高于无党派和群众代表。而其他各项主观和客观属性对代表履职积极性仍没有显著的影响。从 R 平方可见,模型(3)对人大代表履职积极性也具有一定的解释力。

从上述统计模型可以看到,人大代表的履职成就感和政治效能感是影响代表履职积极性的重要因素。

四、定 性 分 析

对部分 X 省人大代表的深度访谈发现,履职成就感的确是许多人大代表积极履职的重要动因。许多受访者在访谈中谈及这一点:

> 我们还是有这个机会代表农民工或者职工或者代表底层来发言,希望政府能够改进一些工作,如果这些工作能够改进,其实它的社会面是很广的,底层能够得到相应的公平公正,政府各个方面的人文关怀能够落实到他们身上来,也能[促进]社会稳定,我们心里还能有点成就感。至少我们从这个群体来,有幸为这个群体发声,如果再能够改变一些[现状],我们感到很高兴。①

> 我们是觉得为了人民办了事,做好事,他们幸福开心,我们就幸福开心。我们是这个想法,我们累一点辛苦一点没关系。②

> 我做代表也是希望通过自己的努力、自己的呼吁、自己的反映,能够为我们最底层的群众和最广大的人民群众办一点好事实事。所以我怎么样都希望能够帮群众解决问题,[把问题]反映上去,解决

---

① X 省人大代表 a01,律师,2017 年 1 月 20 日。
② X 省人大代表 a02,私营企业家,2017 年 3 月 29 日。

问题我就心里舒服点,就是这样。①

哎呀,我出名,很多老百姓可能是知道我的,比知道我是局长的更多,……好像还更重要,他们因为可能省里的媒体啊还有××②的媒体[报道]可能比较多吧,……所以呢就有时候走在路上都会被[认出]。……"啊,你是人大代表,啊,你就是那个那个代表,我们老人很多东西要靠你呀"什么什么的。就有这种感觉,很有成就感。③

同时,政治效能感对代表履职积极性也产生了重要的影响。在访谈中,人大代表普遍认为其反映的问题和提出的建议得到 X 省人大和省政府的重视,许多问题最终得以解决,这对代表积极履职起到很好的推动作用。例如,一些代表在访谈中表示:

不要说他们反映的问题都能够得到解决,起码一些共性的,普遍的反映的,能够[得到]解决了,我们作为代表来说我们认为还是值得的。……我们省人大,对代表提出的建议是重视的,给我的感觉从省级层面来说,对人大代表提出的建议真的是蛮重视的。④

我们政府,……就是在征取代表意见、听取代表意见、采纳代表意见方面做得很好。就是真心地想听你的意见,……能解决的范围内他们真的还能解决。⑤

然而,也有少数受访的人大代表认为其提出的建议得不到有关部门的重视,提出的问题也得不到解决,这对代表的履职积极性造成了不良影响。如下面一位代表所言:

农村问题多,提了很多事情呢,白提。……我们在会上提了,用文字又[用]电子版了又[用]书面交上去一样是没用,就是[他们]把这些厕所修一下……说白了……这些也是基本就你提什么问题,他就跟你说什么原因。……确实有点灰心我们现在也已经变成老油条了。⑥

定性分析与统计分析的结果相一致,深度访谈的结果确认了人大代表本

---

① X 省人大代表 a03,村干部,2017 年 6 月 21 日。
② 指当地的媒体,隐去地名。
③ X 省人大代表 a04,政府干部,2017 年 1 月 23 日。
④ X 省人大代表 a05,村干部,2017 年 6 月 21 日。
⑤ X 省人大代表 a04,政府干部,2017 年 1 月 23 日。
⑥ X 省人大代表 a06,村干部,2017 年 1 月 21 日。

身的履职成就感和政治效能感是影响其履职积极性的重要动因。

五、小结与讨论

本文的研究发现为我们进一步理解人大代表的履职行为提供了帮助。与大部分文献依赖人大代表提出的议案建议来测量其履职积极性不同,本研究设计了新的人大代表履职积极性的测量指标,包含议案建议、会议发言和闭会活动三个部分,从而可以更全面地反映人大代表的履职积极性,为后续的分析奠定更好的基础。

基于对 X 省人大代表的问卷调查和深度访谈,本研究发现人大代表的履职成就感和政治效能感是影响其履职积极性高低的重要因素,从而更好地揭示了人大代表的主观属性对其履职行为的影响。而与许多文献的结论不同,本研究的统计结果显示人大代表的职业、性别、年龄、受教育水平等客观属性对其履职积极性并没有显著的影响。

上述发现表明,第一,人大代表是否积极履职更多地取决于其自身的主观感受。不少人大代表在反映群众诉求、维护群众利益的过程中获得了较大的成就感,这驱使他们更加积极地履行职责;然而,并非所有的人大代表都在履职时获得较强的成就感,因而消极履职的代表仍然存在。因此,一方面,我们需要通过宣传、教育,提高人大代表履职的成就感,鼓励代表积极履职;另一方面,我们也需要建立健全的人大代表履职的激励和问责机制,使得人大代表的履职积极性不是仅仅依赖其个人的主观特质,而是更多地依靠制度安排所提供的履职动力。

第二,政府部门对代表意见的回应性与人大代表履职的积极性密切相关。当前,部分政府部门对人大代表的意见仍不够重视,这造成部分人大代表的政治效能感偏低,制约了代表履职积极性的提高。因此,我们应当继续加强人大代表建议的办理工作,扩大人大代表对政府决策的参与程度,提高政府部门对代表意见的回应性,这对于提高人大代表的履职积极性而言至关重要。

第三,人大代表的履职积极性与其主观属性密切相关,单纯依赖代表的个人身份信息和履职记录并不能很好地分析代表的履职行为。因此,在日后对代表行为的研究中,我们应当继续加强对问卷调查和深度访谈等方法的使用,从而进一步揭示人大代表的观念、态度、感受等主观属性与其履职行为之间的关系。

参 考 文 献

何俊志,刘乐明. 全国人大代表的个体属性与履职状况关系研究 [J]. 复旦学报,2013(2):113-121.

何俊志，王维国. 代表结构与履职绩效：对北京市 13 个区县的乡镇人大之模糊集分析[J]. 南京社会科学，2012（1）：78–83.

黄冬娅，陈川慜. 县级人大代表履职：谁更积极？[J]. 社会学研究，2015（4）：169–193.

李翔宇. 中国人大代表行动中的"分配政治"：对 2009—2011 年 G 省省级人大大会建议和询问的分析[J]. 开放时代，2015（4）：140–156.

孙哲. 全国人大制度研究：1979—2000[M]. 北京：法律出版社，2004.

杨云彪. 从议案建议透视人大代表的结构比例[J]. 人大研究，2006（11）：6–9.

CHO Y N. Local people's congresses in China：development and transition[M]. New York：Cambridge University Press，2009.

HUANG D，HE Q. Striking a balance between contradictory roles：the overlapping role perceptions of the deputies in China's local people's congresses[J]. Modern China，2018，44（1）：103–134.

KAMO T，TAKEUCHI H. Representation and local people's congresses in China：a case study of the Yangzhou Municipal People's Congress[J]. Journal of Chinese political science，2013，18（1），41–60.

LAI H H. Legislative activism and effectiveness of provincial delegates at the 1988 NPC[J]. Issues and studies，2001，37（1）：73–101.

MANION M. Authoritarian parochialism：local congressional representation in China[J]. The China quarterly，2014，218：311–338.

O'BRIEN K J. Legislative development and Chinese political change[J]. Studies in comparative communism，1989，XXII（1）：57–75.

O'BRIEN K J. Agents and remonstrators：role accumulation by Chinese people's congresses deputies[J]. The China quarterly，1994，138：359–380.

SUN Y. What drives reforms in local people's congresses? The dynamics of local congressional developments in PRC：1979—2011[D/OL]. Hong Kong：The University of Hong Kong，2011[2021–01–26]. http://hdl.handle.net/10722/183633.

TRUEX R. Making autocracy work：representation and responsiveness in modern China[M]. New York：Cambridge University Press，2016.

WANG Y. The accountability function within a one-party regime：the case of China's local people's congress[D/OL]. Bergen：University in Bergen，2012[2021–01–26]. https://bora.uib.no/bitstream/handle/1956/5791/43358%20Wang%20materie.pdf?sequence=1.

XIA M. The people's congresses and governance in China：toward a network mode of governance[M]. Abingdon：Routledge，2008.

地方人大代表履职绩效评估：主体、内容和方式[*]

严行健[**]

人大代表缺乏履职积极性已成为一个长期性的问题。从 20 世纪 80 年代人大制度恢复以来，无论是人大常委会主要领导的相关讲话、人大的政策文件，还是地方开展的一系列制度创新实验，都未能从根本上解决人大代表在工作中缺乏积极性和履职缺位的问题。人大代表履职绩效评估则是针对这一问题的一项较新的制度尝试。

在社会科学中，评估（特别是带有排名展示的评估）有两个独特的功能。其一是激励，对于评估结果的展示可以对排名靠后的评估对象形成压力，并转化为其改进和提升工作的动力。其二是引导，评估指标所设定的框架实际上构成了被评估对象改进工作的指引。后者只有根据评估框架的项目改进其工作，才能够得到更好的评估结果。从理论上来说，适当地运用绩效评估手段，确能起到促进代表提升其履职绩效的作用。近年来，学界开展的相关理论研究以及实务工作者的制度实践的确取得了一定的进展，然而，这其中仍然有重大理论争议和实践中暴露出的矛盾和问题等待解决。

本文旨在对代表履职评估工作的理论和实践进行梳理，并讨论其中存在的争议和问题。文章首先简要介绍代表履职绩效评估的基本情况，包括其概念界定、发展历史和制度特色；第二部分梳理实务工作者的制度探索和理论界的相关研究；第三部分基于前一部分的梳理，从主体、内容和方式三个方面展开进一步讨论。文章以"呼唤中国特色代表理论"收尾，指出以选举为核心的代表理论与中国人大的制度实践存在不匹配的现象。代表理论需要以人大制度为内核进行创新，并为制度发展所呼应。

一、履职绩效评估基本概说

就代表履职绩效评估的基本概念来说，"代表履职"是一个可以通过现有法律勾勒出的概念。《中华人民共和国全国人民代表大会和地方各级人民代表

---

[*] 感谢镇坪县人大常委会陈敬民主任和深圳市人大常委会选举联络人事任免工作委员会杨云彪副主任为本文的撰写提供的支持，研究得到华东政法大学科学研究项目资助。

[**] 严行健，华东政法大学政治学研究院副教授。研究方向为人大制度，比较议会及代表理论。

大会代表法》（以下简称《代表法》）已经明确规定了代表在人大会议期间和闭会期间的职责。但"代表履职绩效"这一概念并没有出现在法律条文中。从其字面意义理解，履职绩效高，即代表较好地履行了法律赋予其的上述职责。而履职绩效评估，则是对代表履行其法定责任的情况进行评估。①

代表履职绩效评估这一概念同样缺乏法律的规范。实践中，《代表法》对代表权利与义务做出规定的条款为各地制定履职绩效评估标准提供了基本参照。② 但《代表法》本身并没有涉及代表履职绩效考核的规定。其第五章"对代表的监督"所强调的是代表应当接受原选区选民或原选举单位的监督。而人大常委会在其中仅起到组织作用。

由于缺乏程序性立法，代表履职绩效评估工作目前还处在各地先行先试的阶段，而并没有在全国人大层面上开展。中国人大制度的发展，往往遵循"地方先试—取得良好效果—全国人大介入推广—最终形成文件或进入立法"这一程序。各地所开展的履职绩效评估工作，所依据的都是地方人大常委会所出台的文件。

在搜索引擎中以"代表履职评价"等类似关键词进行搜索，所得到的文本材料大多属于案例介绍，少数是具体的文件文本。对这些材料的简单统计显示，县级人大常委会是开展此类工作的主力军。县级之上，也有一些市级人大开展过类似工作，但数量较少。在乡镇级也有开展类似工作的案例。

县级人大之所以成为此类工作的主力，可能与2015年《中共全国人大常委会党组关于加强县乡人大工作和建设的若干意见》有关联。有文章指出，在四级地方人大中，县和乡镇级人大出现的"虚化"现象是最严重的。③ 为"脱虚向实"，开展具有硬性或半硬性的指标考评就成了一个现实的选择。并且当一个地方的工作有所成效的时候，就会出现制度在同级甚至向上级的扩散。

而从文献发表时间来看，代表履职绩效考核工作在地方人大出现并扩散，主要是从2010年前后开始的。在知网上以"代表履职+考核/评估"为关键

---

① 需要说明的是，代表履职绩效评估是对代表的履职状况进行评估，而非对人大的代表工作进行评估。后者通常是指常委会联系人大代表、支持人大代表依法履职的工作。在一些人大文件中，提出过对人大代表工作进行评估或检查，但其内容通常是检查人大代表在会议期间和会后是否能够得到有效的履职支持，如是否组织开展人大代表的视察调研、集中学习等工作，代表意见建议的办理情况，以及代表之家等代表工作机构的设立和运行状况等。当前，县人大常委会经常对区域内乡镇级人大开展这样的工作评估。

② 王伟峰：《建立县乡人大代表履职绩效及评价体系探析》，载《山东人大工作》2019年2期，第52-54页。

③ 乔颖、田必耀：《解决基层人大虚化问题的"镇坪方案"：陕西省镇坪县人大工作绩效标准体系的制度价值和实践展望》，载《人大研究》2018第10期，第33-36页。

词搜索文章，去除不相关文章后，共计42篇。其发表时间最早的是2006年《人民代表报》刊发的一篇题为《应建立代表履职考核激励机制》的短文。① 2008年一篇题为《县、乡人大代表履职考核机制研究》的硕士学位论文已经对该制度有了初步的探讨。② 2009年，发文量有一个6篇的高峰，最早的具体案例报告也在这一年出现。2017年出现了发文量的高峰，达到10篇。从这一统计来看，代表履职绩效评估的确是一项很"年轻"的制度，并且其受关注的程度还在上升。

此外，代表履职绩效评估工作也是一个缺乏他国参考案例的中国本土问题。国外的议会研究文献中，议员的代议行为的确是一个极重要的研究领域。这其中的重点研究对象是几组关系，具体包括议员和所在选区选民间关系、议员与所属政党间关系、议员与社会间关系（如议员和游说集团之间的互动）以及议会内议员间关系（议员在委员会的任职及工作、议员间互动等）。③ 在这几组关系中，议员与所属政党之间的关系稍稍类似于代表履职绩效评估。在实践中，政党会对议员的工作做出评价。评价内容包括议员在议会内表现的积极程度、工作能力、对政党政策的忠实程度及其在本选区内赢得的支持度情况。这种评价所得出的结论很可能决定议员是否能够在下一次议会选举中获得所属政党的提名。在实行议会内阁制的国家中，该结果也可能对其是否能够进入内阁的政治前途产生影响。

但上述这种对议员的考评，仍然与我国的人大代表履职绩效评估工作之间存在相当大的差异。其主要差异在于考核主体。国外此类制度中，考核主体是政党。而我国的人大代表履职绩效考评主体往往是同级人大常委会。同时，考评的目的也有明显差异。我国人大代表本身不以连选连任为工作目标。担任人大代表也不是获得政治晋升的直接通道。我国的人大代表履职绩效考评，目前更多的是一种单纯为提升代表履职积极性而采取的制度尝试。显然，

---

① 徐明富：《应建立代表履职考核激励机制》，载《人民代表报》2006年2月28日。
② 徐强：《县、乡人大代表履职考核机制研究》（硕士学位论文），上海交通大学2008年。
③ Andy Williamson et al., "Connecting Citizens to Parliament", in *Hansard Society Report*, 2011; Cristina Leston-Bandeira, "Towards a Trustee Model? Parliamentary Representation in the Internet Era: The Portuguese Case", *Parliamentary Affairs*, Vol. 65, No. 2, 2012, pp. 425 - 447; William B. Heller & Carol Mershon, "Dealing in Discipline: Party Switching and Legislative Voting in the Italian Chamber of Deputies, 1988—2000", *American Journal of Political Science*, Vol. 52, No. 4, 2008, pp. 910 - 925; Nicholas D. J. Baldwin, *Executive Leadership and Legislative Assemblies*, New York: Routledge, 2006; Stefanie Bailer, "To Use the Whip or Not: Whether and When Party Group Leaders Use Disciplinary Measures to Achieve Voting Unity", *International Political Science Review*, Vol. 39, No. 2, 2018, pp. 163 - 177.

这种差异性意味着我国的相关制度尝试仍然缺乏可资借鉴的经验教训,还将长期处于自我探索的阶段。

二、绩效评估的实践与理论

本部分从人大实务工作者的实际探索和理论研究者围绕相关议题展开的理论争论这两条线索,分别梳理代表履职绩效评估的基本情况。

(一) 履职绩效评估的实践探索

为梳理履职绩效评估工作在各地的实践情况,笔者尽可能搜集了现阶段能够找到的文字资料,其中包括通讯报道类的案例介绍以及一些地方的具体评估标准文本。从案例梳理情况来看,当前各地实践在评估内容、评估方式和结果运用三方面有如下一些规律。

第一,大多数案例的评估内容基本包含了代表在会议期间履职和会后履职两方面。如海宁市的评价办法既要求代表在会议期间"按时出席会议、发表审议意见、提出议案建议",也要求会下"参加代表小组活动、接待走访选民、年终向选民述职"等。[1] 湖北某市的评估标准包括"是否积极参加各次会议,认真发言并向政府工作提出有建设性的议案建议",以及"闭会期间是否积极参加各项学习培训及其他有益的社会活动,是否联系选民反映民意努力为民办实事好事"。[2] 大多数评估采用根据"得分点"正向加分的办法,但有的地方也尝试扣分制,如浙江的一些地方规定,"对办理不理想的建议签下'满意'的领衔人,每违签一件扣20分"。[3]

第二,在评估方式上,现有各地制度有"他评"以及"自评加他评"两种形式。他评的评估主体主要是两类,其中的主流是同级人大常委会。乡镇一级不设常委会的,则由上一级人大常委会组织考评。他评的另一个主体是选民。该工作往往与代表述职评议活动结合在一起。通常是在代表向群众做述职汇报后,由选民为其打分。[4] 一些地方的工作还结合了代表书面述职报告

---

[1] 孟宪珂:《海宁:"规范"激发代表活力》,载《浙江人大》2017年第11期,第53-55页。

[2] 饶晶:《人大代表履职考核机制初探:以湖北省H市为例》,载《传承》2013年第11期,第78-79页。

[3] 赵晓思、郑汉民、汤松音:《量化考评:向不作为代表说"不"》,载《浙江人大》2017年第8期,第48-51页。

[4] 田家鹏:《梅河口市人大建立代表履职考核机制》,载《吉林人大》2011年第5期,第20页。

的形式。① 自评则主要是代表在履职记录本上自行记录其履职工作。自评的结果通常仅为一个参考，他评的结果则更为关键。深圳市人大常委会于2010年通过的《深圳市人民代表大会代表执行代表职务信息统计和管理办法》是对履职信息进行记录和考核比较早的尝试。其中规定选举联络人事任免工委"负责组织和实施"（第五条）。对于信息的填报，则采取"网上填报和书面填报，单位填报和代表书面报送相结合"（第七条）。

第三，在评估结果的运用方面，各地做法差异比较大。从仅对考核结果进行归档，到"向选民及人代会公布"，再到可能关联到对代表的惩戒（警告或约谈）和奖励等②，不同宽严尺度并存。如上述深圳的制度规定"代表活动较少或者经常缺席代表活动、消极执行代表职务的，选连任工委应该予以提醒"（第十六条）。少数一些案例中，代表得分的高低可能影响连选连任。如山东省滨州市阳信县人大有如下规定：

> 代表全年履职评价积分高于90分的，授予"优秀县人大代表"；届内三次履职评价积分高于90分的，任期届满将作为连选连任代表人选的重点考虑对象，并积极建议作为新一届市级代表人选优先予以考虑。全年履职评价低于60分的，进行约谈或函询，限期整改；连续两年低于60分的，未经批准两次不参加闭会期间履职活动的，应主动辞去代表职务或劝其辞职。③

当前，陕西省镇坪县在代表履职绩效考核工作方面的尝试受到了广泛关注。与前述一些案例相比，镇坪县的探索有一些值得关注的独到之处。首先，上文绝大多数案例的规则制定主体是人大常委会，执行细则基本由常委会主任会议通过，发文也是以常委会办公室的名义下发的。而镇坪县的考核办法以县委转发县人大常委会党组文件的形式下发④，由县委对人大的制度创新进行背书，为该工作的开展提供了有效的制度保障。

镇坪县工作的另一大亮点是系统性，并因此在规范性上有了很大提升。⑤

---

① 黄尔昌、邓立芳、曾昭春：《上杭：代表忙"应试"》，载《人民政坛》2009年第10期，第28页。

② 需要说明的是，人大常委会对代表履职进行评优及类似工作本身可能缺乏法律依据。

③ 摘自孙玉锋、张拥军：《阳信：用"数字化"考核激活人大工作》，载《山东人大工作》2017年第9期，第17页。

④ 《中共镇坪县委关于转发中共镇坪县人大常委会党组关于〈镇坪县人大工作绩效标准体系（试行）〉的通知》。

⑤ 何俊志、霍伟东：《从嵌入到规范：中国地方人大制度化路径的新模式》，载《华中师范大学学报（人文社会科学版）》2018年第4期，第27-34页。

《镇坪县人大工作绩效标准体系（试行）》是一个针对人大工作全流程的标准化体系，其中不但包含了对代表履职绩效进行考评的标准，还有对诸如代表大会会议、常委会会议、主任会议、常委会工作视察、执法检查和代表选举等工作环节的绩效评价标准。这样的系统性从主观和客观两方面促进了代表履职绩效的提升：它一方面将代表提交议案建议等工作纳入指标体系中，另一方面也将影响代表履职效果的诸多因素纳入相应指标中，从而保障了代表更好地履职。《镇坪县人民代表大会会议绩效标准》规定"各项报告应至少提前10天征求人大代表意见，并科学采纳代表意见建议"，该项分值10分，各单项报告每推迟一天扣0.05分；该办法同时也规定"应在大会开幕前1天将正式报告发送给人大代表预阅"，每推迟半天扣1.5分。这些规定保障了代表能够有充分的时间提前获取报告内容并进行研究，避免了会上仅仅"圈点勾画举手鼓掌"的低效履职。

在镇坪县第一次修订的考核标准体系专门设立了"会议期间"和"闭会期间"两类指标。① 其中，会议期间履职绩效标准分6条14款，涵盖会议准备（学习调研）、会议期间活动和会后传达精神等方面；闭会期间履职绩效标准分6条10款，涵盖学习培训、列席会议、视察及执法检查、议案建议、联系群众和选民述职等方面。值得一提的是，这6条中的"开展联系活动"和"向选民述职"两项指标除了本身对应的考核指标外，还有相应的绩效标准体系予以细化。其中《镇坪县人大代表联系选民工作绩效标准》共计6条10款，其对述职内容、走访选民比例以及报告撰写等细节方面都做出了规范，并有专门项目考核选民意见建议是否得到落实；《镇坪县人大代表向原选区选民代表述职绩效标准》共计10条24款，对述职内容、述职活动过程、测评和结果处理等方面都做了细化规定。这种考评指标中配套细化指标的方式，是镇坪县一个非常值得推广的创新。它很好地解决了一些地方类似指标体系中仅能简单量化（如计算代表参加代表小组活动次数）的问题。②

（二）理论探索

当前，对于代表履职绩效考核的绝大多数研究都是从实际案例中展开的。制度的发展需要理论的指导。在这方面，直接对口的理论研究目前还相当匮

---

① 中共镇坪县委办公室、镇坪县人大常委会办公室：《镇坪县人大工作绩效标准》（第一次修订 V3.0），2019 年 8 月。

② 如内蒙古自治区锡林郭勒盟正蓝旗人大常委办公室 2019 年发布的《正蓝旗人大代表履职考评暂行办法》相应的条目规定"按时参加代表小组活动，每次计 4 分，不参加活动不得分"；"年内至少进'人大代表之家''人大代表联络站（办）'接待选民 1 次及以上，每次计 10 分"。

乏。应该说，理论工作者实际上围绕代表履职绩效问题做了大量工作，但由于研究材料等方面的限制，这些研究往往难以对评估工作实践产生帮助，而且理论界对于代表履职中的一些基本问题还存在非常明显的争议。

学界在该领域的研究主要关注代表履职模式。它又可以看成代表理论或代议理论在中国的实践研究。代表理论伴随着西方行为主义政治学的兴起，研究立法机构中议员的代议行为。因此，代表模式与代表履职绩效考核有极大的关联性。确定代表的行为模式是评估代表履职工作的前提——选择何种代表模式，决定了代表履职绩效考核标准设定的方向，而这种方向，又会在指标体系的引导机制下决定代表行为模式在未来的形态。

近年来，围绕代表履职模式开展的研究不可谓不多。学界在对代表行为进行分类和比较研究时，自然会涉及对代表的履职行为进行积极程度或行为类型的划分，并将其作为被解释变量（因变量），探寻导致代议行为绩效优劣之差的原因（例如，许多研究致力于考察代表身份属性对其履职积极程度的影响，并得出应减少官员代表比例等结论）。因此，学界对于代表履职积极程度的考察或对履职类型的划分，实际上表现了学界对实务工作中代表履职绩效评估应当评估何种内容的思考。

对代议行为最简单的划分方式是以议案建议的数量为依据。[①] 当然，仅仅依靠数量上的变化显然并不能完全反映代表履职绩效的好坏。一些学者尝试了搭配其他指标的办法，如增加"是否投过反对票或弃权票"[②]。

大多数的研究则并不满足于仅仅通过"数量"这个单一维度检视代表履职绩效。这些研究会尝试首先定出一个分类标准，再根据这个标准，由研究者通过人工分类的方法将议案建议文本按标准进行分类。制定何种标准，取决于研究议题。从20世纪90年代开始，国内外学者最关注的代表行为变迁研究议题是，代表是否在传统的自上而下的信息传递者角色（即实务工作者所说的仅出席会议和拍手通过决定的"消极代表"）之上演进出了现代代议民主制中的核心要素——地方回应性（responsiveness）。因此，对于代表行为的划分也往往以其为依据。欧博文早在20世纪90年代就以"诤谏者"的概念来描述代表行为模式的新变化，即开始更加注重反映所在地区的诉求。[③] 近年

[①] 何俊志、刘乐明：《全国人大代表的个体属性与履职状况关系研究》，载《复旦学报（社会科学版）》2013年第2期，第113-121页。

[②] 黄冬娅、陈川慜：《县级人大代表履职：谁更积极？》，载《社会学研究》2015年第4期，第169-193页。

[③] Kevin J. O'Brien, "Agents and Remonstrators: Role Accumulation by Chinese People's Congress Deputies", *The China Quarterly*, No. 138, 1994, pp. 359-380.

来，墨宁的研究也有类似的发现。①

受这一核心议题的影响，无论这些研究如何制定代表性为分类标准，其中往往会以代表的选区（或所在地方）回应度作为一个重要划分标准。例如，桑玉成等学者将代表议案建议分为"代监""代议""代办""推介""其他"五类，其中的"代议"类即指为所在选区选民争取利益。② 一些研究则用代表所反映的问题是否宏观来区分议案建议议题的层级。③ 一些学者则试图用"分配政治"的概念来划分代议行为。分配政治是一个西方行为主义政治学概念，其核心关注是民主责任性（democratic accountability）以及政府回应度（government responsiveness）。它的预设是政治家为了获得连选连任而利用其政治优势为选举单位争取更多的资源分配。④ 分配政治问题在中国人大代表行为的研究中一直以不同的形式表现出来。

无论是用回应性的概念还是分配政治的概念，学界对议案建议的划分大体有两个基本共识。一是中国地方人大的代议政治中确实存在分配政治的因素，选民出现了所谓"选民意识"。⑤ 二是研究者在进行溯因分析或简单的统计分析时，普遍认为代表对地方回应度的上升，或说出现一定程度的"分配政治"，是我国民主制度中一个值得肯定的进步。

理论往往与实务工作存在一定距离。在理论上看，代表对地方诉求的回应性的上升是一个值得肯定的积极变化，但在本文所探讨的代表履职绩效评估工作中，如何将这种支持体现在指标体系中，则在操作上面临两方面的障碍。第一，什么程度上的变化是合理的？学术研究是对事实的回溯和理论化。

---

① Melanie Manion, "'Good Types' in Authoritarian Elections: The Selectoral Connection in Chinese Local Congresses", *Comparative Political Studies*, Vol. 50, No. 3, 2017, pp. 362 – 394; Melanie Manion, "Authoritarian Parochialism: Local Congressional Representation in China", *The China Quarterly*, No. 218, 2014, pp. 311 – 338.

② 桑玉成、邱家军：《从代表议案和建议看代表属性及其履职之效率：以十一届全国人大二次会议为例》，载《江苏行政学院学报》2010年第1期，第76－83页；徐理响：《从"代表建议"看我国人大代表选举制度的改革：基于对安徽省十一届人大五次会议"代表建议"的分析》，载《济南大学学报（社会科学版）》2013年第4期，第36－41页。

③ 杨云彪：《从议案建议透视人大代表的结构比例》，载《人大研究》2006年第11期，第6－9页。

④ Miriam Golden & Brian Min, "Distributive Politics Around the World", *Annual Review of Political Science*, Vol. 16, No. 1, 2013, p.73.

⑤ 李翔宇：《中国人大代表行动中的"分配政治"：对2009—2011年G省省级人大大会建议和询问的分析》，载《开放时代》2015年第4期，第140－156页；黄冬娅、陈川慜：《县级人大代表履职：谁更积极？》，载《社会学研究》2015年第4期，第169－193页；左才、张林川：《"请为我们修路"：人大代表建议中的"分配政治"》（工作论文），2019年。

学界的出发点是现在的地方回应性太少,因此乐见回应性的上升。而实务工作者的考核指标制定却需要面向未来,以考核指标引导代表行为模式变迁。无论是从法理上还是理论上来说,地方回应性不断上升,都应有一个"度",尤其在中国无论是代表履职规范还是意识形态,都有明确的地方利益服从整体利益的要求。但"度"应如何通过指标体系这种硬性的测评工具体现出来,又面临很大的困难。

  第二个障碍是地方回应性的测量。如前所述,现有研究对议案建议的分类基本上是通过人工实现的。这种方法不但比较低效,而且至少从笔者的尝试来看,存在准确性的问题。造成问题的主要原因是类别划分中存在大量的模糊地带,导致许多议案建议并不能被明确划入某个类别。解决此问题的惯常做法是设立一个"无法分类"类目将这些议案建议囊括;或是将"代表选区利益"和"代表公共利益"的议案建议划为一类,称为"责任性代表"[①]。而在实际的指标考核工作中,如果用此不太严谨的方法决定一个代表的业绩评价,就会存在随意性较大的问题。

  学界即使能够对议案文本进行严格无误差的分类,也不一定就能反映出代表的履职绩效。议案建议的成文和提交只是流程的第一步。在后续公文流转处理过程中,还会出现许多不确定因素。代表也会相应做出不同的策略选择。例如,如果一份建议得到消极回复,试图积极解决问题的代表可能选择第二年继续提类似建议案,以期通过这一策略引起地方政府部门的关注。然而,一些代表重复提出类似议案,也可能是"懒政"的表现。又如,单位选区的代表提出与其行业相关的议案建议,究竟属于为其所在行业争取利益,还是为增进其选区的利益?这些都很难通过简单的指标加以判断。

  而更进一步来说,依靠议案建议文本来研究代表履职,本身就存在样本偏差的问题。当前学界评估代表履职绩效的依据主要是两种,一是完全以代表议案建议文本为主轴,根据研究问题划定评价标准,并人工进行分类。二是综合考虑多种指标。采用后一种方式的研究数量很少。[②] 仅以议案建议"论英雄",忽略了履职工作的全貌。我国人大制度的短会期现象造成人大代表履职分为闭会期间和会议期间两个部分,其侧重点各不相同。会议期间,人大代表担负着监督政府工作和审议政策立法的重要工作。一个不考虑会议期间代表履职工作的研究,必然是不全面的。即使有的研究考虑到了会议期间履职的状况,也只是对代表发言次数甚至出席会议次数进行简单的加总。

[①] 魏姝:《我国基层人大代表的代表性分析》,载《江苏行政学院学报》2014 年第 6 期,第 102-109 页。

[②] 何俊志、王维国:《代表结构与履职绩效:对北京市 13 个区县的乡镇人大之模糊集分析》,载《南京社会科学》2012 年第 1 期,第 78-83 页。

上述理论问题如果不能解决，意味着理论界的研究将无法被实务工作者所吸纳。而缺乏理论的探索，现有的履职绩效考评工作可能会停留在统计考评议案建议数的层面上，无法进一步深入。

三、绩效评估的主体、内容和方式

根据上文对当前绩效评估工作实践和理论探索的梳理，本部分主要从评估主体、内容和方式三个方面探讨该工作中存在的矛盾、问题和可能出路。

（一）谁应当是评估主体

当前几乎所有代表履职绩效评价工作的主体都是被评估代表的同级或上级人大常委会。具体执行的一般是地方人大中负责代表工作的常委会工作委员会。评估主体的问题，首先是评估资格问题。如前所述，绩效评估工作出现的时间不长，又是地方人大为了响应中央文件精神，改进地方人大工作以及促进社会主义民主法治而采取的"附加动作"。这是产生评估主体问题的根源。

主体问题早在此类工作开展之初，就引起了一些人大实务工作者的关注，并出现了一些理论探讨文章。这些讨论的关注点是地方人大常委会是否有权考核同级人大代表。有意思的是，争论双方似乎都从法条中找到了依据。其中，赞成一方援引《中华人民共和国地方各级人民代表大会和地方各级人民政府组织法》（以下简称《地方组织法》）第八条赋予地方各级人大常委会"在本行政区域内，保证宪法、法律、行政法规和上级人民代表大会及其常务委员会决议的遵守和执行"的权利作为考核工作的依据。[①] 但相比来说，持反对意见的声音还是更多一些。有实务工作者指出，《地方组织法》规定常委会的监督对象中并不包括代表履职，且常委会本身是对代表大会负责并报告工作的，其性质是代表履职的服务机关。[②] 前者监督后者，无异于"儿子监督老子"。[③]

---

① 滕修福：《地方人大常委会能否考评同级人大代表？》，载《人民之友》2013年第8期，第60页。

② 俞远兵：《人大常委会考评代表是本末倒置》，载《公民导刊》2013年第11期，第46页；程国庆：《人大常委会不可考评代表》，载《公民导刊》2013年第11期，第46页；章渔：《本级人大常委会能否对代表履职划"硬杠杠"》，载《人民政坛》2013年第11期，第37页。

③ 以上探讨的一个前提是"同级"。但在实际案例梳理中，发现很多情况是县级人大为了加强乡镇人大工作，而将考核工作进一步推进到了乡镇人大。在镇坪的案例中，县委发文要求"各镇应积极探索制定镇人大工作绩效标准"。各镇则确实参照县的绩效标准制定了自己的绩效考核标准。当然，这些案例中目前还没有出现县人大直接插手乡镇人大代表考评工作的。而县人大对乡镇考核工作的推进，则属于一种正常的上下级人大间的"工作指导关系"。

在人大常委会是否有权监督同级人大代表的争议之中,原本应当作为评估主体的选民在一些评估工作中缺位的现象反而没有引起足够重视。无论是从《代表法》等法律条文,还是从代议民主制的权力来源来看,选民评估代表工作的权利无须多言。根据上一部分所梳理的案例,部分地方的此类评估工作是完全由常委会相关工委根据会议出勤记录和代表参加小组活动的报告等信息做出的。而一些地方确实进行了常委会报告和代表述职评议工作相结合的尝试。其中,常委会负责统计代表会议发言次数、议案建议提交数量、参加学习和集体视察次数等客观数据;选民则在代表述职评议等工作中为代表的履职表现打出主观分。两者相结合,得到代表履职绩效的整体评价。这一做法淡化了常委会"评估者"的角色,使其更像是一个工作的组织者,从而避免了其法理上的困境,也凸显了选民的主体地位。这种主客观结合的方法应当是未来评估工作发展中一个值得探索的方向。

(二)评估内容

所有的指标体系在设置过程中,首先面临的基础性问题就是评估对象的"概念化"。例如要评估"法治",则首要工作是将这一抽象不可度量的概念进行概念化,即通过对其定义,将其发展为一系列可度量的指标。"人大代表履职"的概念化比较容易。如前所述,《代表法》对代表在会议期间和会后的履职工作已有详细规定。在各地的实践中,也基本上是以这些"规定动作"为蓝本进行操作的。在这当中,有两个问题值得进一步关注。

其一是考核中的"越位"问题。代表履职绩效考核虽然不宜直接照搬照抄《代表法》中对代表工作职责的规定,但更加危险的是考核标准的手伸得过长。

在葫芦岛市人大常委会 2014 年制定的考核办法中,有"热心公益慈善事业并做出一定贡献的,加 5 分"以及"担任人大代表职务期间在本职岗位工作上受到国家、省级、市级表彰(劳动模范、五一劳动奖章和先进个人等)的,分别加 15 分、10 分、5 分"的条款。[①] 四川渠县人大常委会制定的代表履职考评办法中有"深入开展'脱贫攻坚—人大代表再行动'活动,联系帮扶贫困户 1 户以上,落实帮扶举措,计 10 分,未联系贫困户或未落实帮扶措施扣 10 分"的规定。[②] 应该说,代表的确应当在遵守法律和社会公德方面做出表率作用,但这些要求原本并不包含在代表履职工作的要求中,它属于一

---

① 葫芦岛市人大常委会:《葫芦岛市人大代表履职考评办法(试行)》,见葫芦岛人大网(http://www.hldrd.gov.cn/news_view.asp?id=459),2019 - 05 - 14。
② 渠县人大常委会:《渠县人大代表履职考评办法(试行)》,见渠县人大网(http://www.qxrdw.gov.cn/index.php/cms/item-view-id-1443.shtml),2019 - 05 - 14。

种"附加动作"。同理,代表是否一定要在所在行业成为表率,以至于岗位职责履行不佳就会导致绩效评估丢分?代表承担扶贫等工作是否属于应当纳入代表考评体系中的本职工作?由于我国特殊的代表兼职制以及凸显人民代表优秀劳动者特质的需要,代表在本职岗位中表现出色,甚至当选劳模,一度成为当选代表的重要条件。然而,当前代表工作发展的重点是夯实代表职能,一些地方甚至出台保障兼职代表工作时间等措施保障代表履职。在考察代表履职绩效的指标体系中出现要求代表本职工作的条款,似乎也稍有"越位"之嫌。

应该说,人大是立法机构,其自身组织工作更应当在法律框架体系内开展。一些地方的考核标准中的一些条款中存在的"越位"问题甚至表现为与现行法律间存在某些潜在的冲突。这些问题应当引起人大实务界的重视。

其二是单纯以频次作为考核内容的所谓"点豆子"考核问题。如果一个地方人大的考核过于强调人大常委会作为考核主体,且按照痕迹主义的思路逐条对标《代表法》中对代表履职行为所做的要求,就很可能导致出现一个以频次为基础的考核办法。如下的考核报告非常典型:

> 审议发言情况良好,提出建议1件,参加学习培训4次,参加代表小组活动4次,开展视察调研6次,联系选举单位选民210次,反映群众意愿为民办实事39件。考核总分98分,履职情况:好。①

频次考核的方法一方面可能加重代表的工作负担,另一方面可能鼓励代表提交价值不高的建议充数,与中央的"夯实"精神背道而驰。在注重量化考核的现状不能得到很快改变的前提下,镇坪县的案例提供了一种解决思路——将一个频次性的指标进一步细化为一系列具体的、更可操作的次级频次指标。如前所述,镇坪县在"参加代表小组活动"和"向选民述职"两项通常简单"点豆子"的考核项目上推出了细化的考核方案,如将述职内容详细规定为八条,缺一项扣一分。这其中包括"撰写履职报告未提出明确改进措施的扣一分"。极为细化的考核要求堵死了代表走捷径"挣积分"的可能性。此外,镇坪县的考核办法中减分项和加分项并重。一些指标并不是用累加分数的办法鼓励"多多益善",而是规定基本的量,实行达不到扣分、超额不一定加分的办法,防止代表进行无效履职。

当然,解决频次考核的问题,最终出路是让选民参与到考核工作中。人大常委会并不会对代表履职行为的积极程度有切身体会。代表是否积极履职,选民的感受最为直接。作为评估主体的选民可以根据其直观感受(如代表是

---

① 摘自屈华东、练炼《为有源头活水来:九江市人大常委会实行代"表履职评价"制度纪实》,载《时代主人》2009年第8期,第26—27页。

否经常与他们联系)进行评判。此时再增加代表参与学习、考察、会议出勤率等客观数据,这样的评估内容结合了主观客观两方面状况,是一个相对科学的体系。

(三) 评估方式

改进指标评估方式的核心目标是提高评估的信度和效度,并降低评估成本。这意味着在方式设计上需要降低随机误差,建立更有效的指标体系,同时兼顾成本(包括人力和时间)。在这一方面,尚需要学界和实务工作者的共同努力。

如前所述,提升选民在评估工作中的参与是未来评估工作发展的一个重要方向。而提高选民在评估中的效度,尚需要人大在信息公开方面做出努力。信息公开背后的逻辑,是将代表对选民在述职评议会上的一次性汇报,变为常态性的履职情况沟通。其中,代表在会议中履职的情况公开尤为必要。当前一些地方的履职评议活动增加了讨论和评估环节。在这些环节中,代表会重点围绕某项当地民众反映强烈的问题汇报其在人大所做的工作及问题的进展。但在信息公开方面,人大工作仍然有进一步的提升空间。信息公开最重要的方式是通过互联网信息平台建立代表履职信息,尤其是会议期间履职信息的发布机制。这些信息包括代表在会议期间的发言、代表所提交议案建议的文本、议案建议得到的反馈情况,以及代表根据反馈情况所做出的回应等。它们能够帮助选民更客观地对代表履职工作做出评价,让选民看到代表履职的过程,也能令他们更加客观地评估代表履职绩效,而不是仅在述职评议会上对代表履职的结果进行评判。

信息的公开也有利于学界对代表履职绩效评估的方法开展深入研究。现有研究之所以扎堆分析代表议案建议文本,一个关键原因是其他代表履职工作的信息资源太少。代表在会议期间的履职评估是尤其需要进一步研究的议题。这其中包括如何通过代表会议期间的发言等审议活动评估代表履职,如何在指标评估体系中平衡代表审议和代表议案建议两类履职活动的权重,以及如何对一些简单量化的指标进行更好细化。细化指标工作的要点包括代表通过"代表之家"等渠道联系群众,以及代表参加集体视察和集体学习的效果(而非简单考察出勤率)等。缺乏这些细化指标,评估的效度就无法进一步得到提升。但囿于资料所限,学界开展这些研究面临不少挑战,只好继续深耕议案建议文本。① 此类研究成果与实务工作者的期盼和实际工作需要越来越远，也导致两个群体各说各话，隔阂加重。

在评估方式方面，学界也有必要探索提升绩效评估效率的问题。当前研究对于议案建议文本的分类，基本上停留在"劳动密集型"人工分类阶段。议案建议属于功能性的成文文本，文字精练，功能指向明确。未来如果学界开始探索对代表的会议发言和讨论等文本进行分析，或是尝试在议案文本分析中加大案例数量，则工作量会成倍上升。此时，人工分类的成本问题将会凸现出来。利用计算机自然语言处理技术对文本进行自动分析，从长期来看是一个解决该问题的思路。目前，该技术用在分析人大代表履职相关文本方面尚不完全成熟。未来的发展面临的一个主要障碍是测量技术的研发。当前的技术发展以及国外的实践，主要是对文本的意识形态位置进行测定。② 一些人工智能平台开发的自然语言工具也主要针对文本情感极性进行判断。这些技术的应用价值有限，因为以评估代表履职绩效为目的的文本分析，关键是对其类型进行划分，例如判断议案建议文本或发言是属于反映地方诉求、提出政策建议还是较为空洞的表态。这一任务为自然语言分析技术提出了更高的挑战。

总的来说，在学界的研究中，人大代表履职绩效往往被当作研究的因变量。学界的主要兴趣在于探测代表的自然属性或社会属性（特别是职业）差异这类自变量如何影响人大代表履职。但现在看来，如何更加准确且高效地评估人大代表履职情况，本身就是一个实务界迫切需要，而学界研究不甚透彻的问题，值得进一步探索。

四、余论：呼唤中国特色的代表理论

代表履职绩效评估是一个中国特色的制度尝试。其之所以如此"特色"，根本原因在于国内外制度具有不同的理论背景，且制度中的行动者具有不同的目的预设。例如，连选连任是国外议员的核心诉求，而中国人大代表不以

---

① 研究资源的不足还不仅仅表现在会议期间履职信息等资料难以获取（或由于记录机制不完善而根本不存在相关资料），还表现为访谈研究也面临障碍。国外议会研究中，单纯基于议员深度访谈而形成的研究成果不在少数，欧博文20世纪90年代的重要论文也是基于访谈形成的。而当前国内学界针对人大代表和人大实务工作者的访谈会面临一些技术上的困难，访谈所获得的信息在信度和效度上也存在不足，故而此种类型的研究在当前人大制度研究中处在几乎绝迹的状态。

② Sven-Oliver Proksch et al., "Multilingual Sentiment Analysis: A New Approach to Measuring Conflict in Legislative Speeches", *Legislative Studies Quarterly*, No. 44, 2019, pp. 97-131.

连选连任为根本行动指针。又如，我国的代表履职行为规范中有一套强调整体利益应优先于地方利益的利益优先度体系，因此中国的代表行为在理论上并不存在国外意义上的"分配政治"之争。实践中，代表也仅会在地方诉求不与整体诉求相矛盾的地方选择坚持扮演"诤谏者"的角色。甚至在表决方式这种较为细节的制度设计上，也体现出代表理念的差异。西方议会多行公开表决，中国推进秘密表决反而是一种进步。这背后的差异在于，中国的代表不是某一特定利益或意识形态的代表，不需要在表决中公开彰显其代表某一部分的利益。人大代表的目的是增进选区和集体的利益。要实现这一目的，就需要给他们表达观点和监督政府的空间和保障。这实际上体现出代表观的功利主义和建构主义差异。

制度理论基本背景之间的种种差异，意味着西方以选举活动建构责任制为核心的代表理论体系在分析中国现实政治时有改造和创新的必要。当然，代议民主制的核心仍然是委托（授权）—责任关系，但选举中心主义之上，基于选举所构成的委托—责任关系却有必要对其进一步发展。事实上，西方近年来对代表理论进行反思的总趋势也是超越选举之上的，将以代议制为核心的"政治代表"看作社会场域中宏观代表概念的一个部分。[①]

虽然这种中国模式的代表理论仍然缺乏系统化的理论描述，但充分考虑到这种理论基础差异，中国人大的代表履职评估工作在未来的发展中有两个重要的议题或方向。一是仍然坚持向选区主导的评估方式转换。坚持选区主导，并不等于选举中心主义，不必谈选民色变。这里之所以强调选区而非选民的概念，正是由于前者突出社会属性而后者突出政治代表中的选举授权属性。

二是要在代表理论创新的基础上解决上述一些现有评价方式中的矛盾和问题。例如代表的选区代表和职业代表两种属性间的平衡问题，以及代表履职过程中对宏观发展问题和地方诉求之间关系问题的处理方式。这些问题在未来代表履职绩效评估由单纯考评数量转向考察实际内容时，会更多地显现出来。

---

① 孔令伟：《西方代表理论的建构主义转向：缘起、内容和前景》，载《国外理论动态》2019年第2期，第63-74页。

双重动机：人大代表利益表达的动力之源
——基于地方人大代表1129份建议的分析*

蔡金花　储建国**

一、问题的提出

学界关于人大代表的利益表达动机分析，部分学者从理性选择理论出发，认为人大代表是理性经济人，秉承个人利益最大化原则参与政治。按照理性选择理论的逻辑，人大代表在利益表达过程中应该专注于私人利益诉求的表达。但笔者在对W市人大代表1129份建议进行分析时却发现，不管哪种身份的人大代表都既注重公共利益的表达，也注重私人利益的表达。学界的观点与笔者所观察到的事实不相符。那么，人大代表利益表达的动力是什么？他们为什么热衷于公共利益的表达？

二、现有理论的解释与不足

（一）现有理论的四种解释

关于人大代表公共利益的表达动机，学界主要有四种理论解释。

1. 理性选择制度主义

理性选择理论把人看作理性人，看作不受制度环境影响的真空状态的人，在解释人为什么表达公共利益的问题上陷入了窠臼。理性选择制度主义看到了理性选择理论的局限，故而在其基础上加入了制度性因素。他们认为，人在制度环境的范围内进行着有限理性的选择。制度环境为其选择提供了政治空间，在制度允许的范围内，个体的人根据理性原则采取一定策略进行活动。[①] 理性选择制度主义虽然看到了制度规范对理性选择的限制作用，但它依

---

* 本文系教育部重大攻关项目"当代中国政治制度的实践发展与理论创新研究"（13JZD22）的阶段性研究成果。

** 蔡金花，中共海南省委党校讲师，武汉大学政治与公共管理学院博士；储建国，武汉大学政治与公共管理学院教授，博士生导师。

[①] B. 盖伊·彼得斯：《政治科学中的制度理论："新制度主义"》，王向民、段红伟译，上海人民出版社2011年版，第2页。

然遵循着理性人的假设,基于个人利益最大化原则在制度规范的范围内行动。在这一假设前提下,人大代表对公共利益的表达不是内生性的,更多的是基于工具性表达,表达动力源于对个体私人利益的追求。作为人大代表,只有按照人大身份角色要求来扮演公共利益形式上的代言人,他们才能得到国家和社会的认可,才可能进一步获取更多的政治、经济资源,从而实现自己私人利益的最大化。可见,理想选择制度主义认为,人大代表对公共利益的表达只是手段,而不是目的。

持此观点较典型的学者有张伟。他认为,政治领域和经济领域一样,都是基于理性经济人的逻辑在运作。私营企业主有着橡皮泥一般的政治品格,理性务实,交换、理性和自利是其政治行为的主要原则。他们因商而政,参与政治最原始的动机就是努力发展企业,不断壮大自己的经济实力,通过政治参与反映他们在发展经济过程中遇到的各种困难和问题,为经济的发展开辟更大的空间。① 按照张伟的观点,私营企业家代表对公共利益的表达是基于工具性的利用,是为了实现更多的私人利益。

2. 规范制度主义

规范制度主义强调的是制度自身价值文化对人的内化。规范制度主义认为,个人不是原子化的个人,也不是自主追求效用最大化和充满理性的人,而是完全受其所从属的组织的影响,其行动更多反映的是他们所属的组织的价值。他们的行为被其制度成员的身份角色所塑造,个人偏好也在极大程度上被他们身处的制度所塑造。制度具有"适当性逻辑",它规定着什么行为适合制度成员,什么行为不适合制度成员。② 从规范制度主义角度来看,人大代表对公共利益的表达完全是人大制度规范的要求所致,是身为人大代表的身份角色的要求所致。作为个体的人大代表,其表达偏好也被人大制度所塑造,其对公共利益诉求的表达更多反映的是人大制度价值被内化成代表个人价值偏好的结果。

学者杜西川认为,我们国家的代表不是特定选区或者选民的委托人,而是全国人民根本利益和意志的集中代表者。他们集中代表全体人民的意志和利益,统一行使国家权力,需要由代表组成的代议机关直接向全体人民负责。代表需要基于对"全体人民的最高利益"的判断,进行利益代表和表达。他们应遵循制度规范的要求,反映所在层级范围里的公共利益,而不能反映其他层次利益。也就是说,人大代表在进行利益表达时,不应掺杂个人意志,

---

① 张伟:《市场与政治:中国民商阶层脸谱》,中央编译出版社2015年版,第280—285页。

② B. 盖伊·彼得斯:《政治科学中的制度理论:"新制度主义"》,王向民、段红伟译,上海人民出版社2011年版。

应忠实地反映集体意志，表达集体利益诉求。①

3. 社会学制度主义

社会学制度主义强调社会文化规范对人的影响力，是特定的文化和社会规范在对人的行为选择起决定作用。个体的政治行为并不完全是策略性的，他的行动在很大程度上受制于他的世界观。制度的作用在于为行动者提供了道德或认知上的模板，制度赋予行动者"角色规范"，影响着行动者的自我想象的界定和自我偏好的形成。②

持此观点的学者主要有欧博文、黄冬娅、陈川慜等。欧博文把20世纪90年代发挥作用的人大代表分为代理人和进谏者两种角色。代理人"传达（上级的）精神、规定和决议"，"向群众传达政府的意图"。他们对政府忠心耿耿，认为自己是政府的"助手"。而进谏者则是在代理人角色的基础上更进一步的角色，是合法的投诉角色。"他们只是政府部门的准自己人和知情者，不时反映情况，提请政府部门注意，以帮助有关部门改善工作。"进谏者通常具有强烈的公民意识，乐意接受公益责任，是社会上"一心为公、努力创建好政府的促进者"，具有高度的责任心。他们认为，为社会做点事是自己该尽的义务，希望能"做出点成绩来"。③ 因此，在外无履职压力或动力（惩罚或奖励）的情况下，他们依然积极履职。黄冬娅、陈川慜在对全国县级人大代表履职动机的调查中也发现，与西方议员不同的是，人大代表的履职积极性可能并非基于个人行动者利益最大化（连任）的理性激励，而更多的是来自选民的选举参与给代表带来的一种获得公民授权的认知和积极履职的道义责任感。④ 也就是说，积极履职的代表行为并非出于制度性奖励或惩罚的压力，而是为代表内心的道义责任感所激励。而这种道义责任感则源于社会，是社会文化道德的力量作用的结果。因此，社会文化道德成了代表们积极履职的关键因素。

4. 马斯洛需求层次原理

马斯洛需求层次理论认为，人的需求从低到高分成五种类型：生理需求、安全需求、爱和归属感的需求、尊重的需求和自我实现的需求。五个需求层

---

① 杜西川：《人大代表应代表谁的利益：行使权力的身份问题研究》，载《法学杂志》1989年第1期，第19-20页。
② 何俊志：《结构、历史与行为：历史制度主义对政治科学的重构》（博士学位论文），复旦大学2003年，第109-112页。
③ 欧博文：《人大代表的作用：代理人与进谏者》，载《复旦政治学评论》2008年第11期，第1-21页。
④ 黄冬娅、陈川慜：《县级人大代表履职：谁更积极？》，载《社会学研究》2015年第4期，第169-193页。

次呈金字塔型排列。一般情况下，人在较低层次需求满足之后，才会追求较高层次的需求。部分学者从马斯洛需求层次原理出发，以个体需求为落脚点，诠释了人大代表利益表达的内在动力。人大代表是社会各地各行各业的精英，一般都有着较高的收入和社会地位，低层次的生活需求都已经得到了满足。为了得到社会的认可和尊重，实现最高层面的自我价值，人大代表才热衷于对公共利益诉求的表达。所以人大代表对公共利益诉求的表达是其自身追求较高层次需求的结果。

较典型的观点有学者华正学关于对私营企业主参政动机的论述。华正学认为，马斯洛需求层次理论与私营企业主的政治参与实践二者之间有着高度的契合性。私营企业主政治参与的需求分为五个层次：第一个层次，发展经济、壮大实力；第二个层次，保障权利、维护安全；第三个层次，靠近组织、回归社会；第四个层次，提高地位、获得尊重；第五个层次，成就事业、自我实现。与五个层次需求相伴而生的是私营企业主政治参与所追求的三大目标：物质利益追求、精神性激励、共同愿景。对于不同的私营企业主，三大目标先后次序不同，同一私营企业主在不同时期、不同阶段，其追求的目标也可以不同。①

（二）现有理论解释的不足

以上四种理论对人大代表表达公共利益动机的解释各有侧重：理性选择制度主义强调的是个人理性选择的结果，规范制度主义强调制度自身的文化价值对人的渗透内化，社会学制度主义强调社会文化道德对人前期的影响塑造，马斯洛需求原理则强调个人需求的主导作用。四种理论解释各有千秋，但从单一理论来看，对人大代表利益表达动机的解释仍有些许不足。

本文认为，个体的价值判断、取向偏好并非在真空中形成，而是在社会环境中日积月累形成的。任何个体都无法逃脱社会文化的影响。带有社会文化前期底色的个体进入制度环境后，制度自身的价值规范又会同样塑造个体的角色意识。在这种情况下，制度规范对人有两个层面的影响：第一个层面，制度规范对人的强制性约束。在这一层面，因为害怕惩罚或者希望得到奖赏，人在行为上被迫接受制度规范的外来性约束。第二个层面，制度规范的价值内化成个体价值的一部分，个人主动接受制度文化规范的价值要求，并自觉自发地去追求制度规范所倡导的价值要求。

理性选择制度主义虽在理性选择理论基础之上考虑了制度规范对人理性

---

① 华正学：《需求层次理论视域下的私营企业主政治参与》，载《河北省社会主义学报》2004年第2期，第35－39页。

选择范围的限制，但它仍然忽视了社会文化、制度文化对个体的作用影响。理性选择制度主义只看到了制度规范对人第一个层面的限制性影响，忽视了制度规范对人第二个层面的塑造性影响。人大代表对公共利益的表达，可能并非仅仅是个人实现私人利益的手段，也是个人发自内心自发自觉的价值追求，因为制度规范的价值追求完全有可能内化成代表个体价值追求的一部分。在这种情况下，对公共利益的表达也就变成了代表个体自发自觉的一种行为需求了。这个时候，对公共利益的表达就不再是手段，而是目的。

规范制度主义虽然看到了制度规范对人两个层面的作用，但它忽视了人自身的主观能动性。在规范制度主义的理论中，人似乎只是贯彻落实组织意图的工具人，丝毫没有自主性，全盘接受组织所赋予的角色要求和价值理念。按照规范制度主义的理论逻辑，人大代表在履职过程中，应该表达的完全是公共利益而不会表达私人利益。可是在政治实践中，人大代表并非毫无自主性的个体，也并非只表达公共利益诉求。相反，他们也非常重视私人利益诉求的表达。在制度规范限制的范围内，他们发挥自己的主观能动性，通过一些策略成功实现了部分私人利益诉求的表达。人大代表既表达公共利益诉求又表达私人利益诉求的事实，强有力地证明了规范制度主义在解释上的无力。

社会学制度主义过于强调社会文化规范对个体行为的影响，但文化道德的影响即使再强大，它也只是一种"底色"影响，是一种无形的软约束力量。这种软约束力量更多的是基于行动者的自发自觉和自我认知才产生作用，无任何实质性的外在压力。而人大代表作为国家公职人员，他们积极履职并非完全基于"道义责任感"。即使在缺少履职不力的情况下的惩罚以及履职得力情况下的奖励机制，人大代表的履职也更多的是基于人大制度规范的硬性要求。所以，我们不能仅仅把人大代表积极履职、表达公共利益，看作是社会文化道德的影响，还应该看到制度规范在其中的作用。

马斯洛需求层次原理从个体需求的角度对人大代表利益表达的动机进行了分析。它既坚持了理性选择理论对人表达利益诉求的动机论述，又看到了个人与社会的联系，从个人需求和社会关系角度分析了人大代表表达公共利益的动机。这一理论看似比较有说服力，但仍存在一定缺陷：它过于强调个体需求在利益表达中的作用，忽视了社会环境、制度规范等外在因素对利益表达的影响。按照需求层次原理的逻辑，那些经济实力雄厚、早已满足低层次的需求的代表们，应该全权致力于公共利益的表达，而不应该表达私人利益诉求。那些经济条件较差、仍然挣扎在低层次需求满足线上的代表们应该优先表达自己的私人利益诉求，而不是表达公共利益诉求。但实际情况却是，无论是何种身份、身处于何种阶段的代表们，他们都注重对公共利益诉求的表达，也注重对私人利益诉求的表达。因此，马斯洛需求层次原理仍无法对任何阶段人大代表公私利益表达并存的现象提供有力解释。

可见,对人大代表利益表达动机的分析是极其复杂的。"没有一种理论能够完美解释所有政治行动,也许任何理论都不应该有这样的企图。"[①] 所以,对于具体问题的分析,不能用裁剪事实的手段来实现理论与事实的契合,而应该根据事实的情况,在现有理论的基础上形成新的解释。因此,在综合现有理论对人大代表利益表达动机的研究基础上,我们提出了双重动机理论,用以解释人大代表的利益表达动机。

文章的结构安排如下:首先将对双重动机的概念特征进行解释。然后在理论基础上,对代表的建议材料进行实证分析。实证分析一方面证实了双重动机的理论假设,另一方面也给双重动机的研究提出了新的发现。最后在新发现的基础上,把双重动机理论与新的发现联系起来,力求实现理论解释与政治事实的统一。

三、双重动机理论

(一) 双重动机的概念特征

双重动机是指受内在个人理性和外在社会文化、制度环境的影响,人大代表同时具有表达私人利益诉求和公共利益诉求的动机。

双重动机具有两个特征:第一,普遍性。任何身份的人大代表在利益表达过程中,普遍具有表达公共利益与私人利益的双重动机。作为现实中活生生的人,人大代表既有公心,也有私心。他们在表达公共利益诉求的同时,也希望能够实现私人利益诉求的表达。第二,差异性。不同职业身份代表表达私人利益诉求的动机和表达公共利益诉求的动机强度不同。部分职业身份的人大代表注重表达公共利益诉求,部分职业身份的人大代表注重表达私人利益诉求。同一群体、同一个体在不同阶段、不同场合表达私人利益诉求和公共利益诉求的强度也可能不同。企业家代表,在正式表达中表达公共利益的诉求的强度远大于表达私人利益诉求的强度,在非正式表达中则表达私人利益诉求的强度大于表达公共利益诉求的强度。同一个体代表,当其衣食无忧、较低层次的需求都得到满足时,他可能更注重公共利益诉求的表达;反之,当其经济困难、较低层次的需求难以得到满足时,他可能更倾向于私人利益诉求的表达。

---

① B. 盖伊·彼得斯:《政治科学中的制度理论:"新制度主义"》,王向民、段红伟译,上海人民出版社2011年版,第2页。

人大代表作为现实中的社会人,他们在进行利益表达过程中普遍具有实现公共利益与私人利益的双重动机。他们并非单一利益的代言人,而是不同层次公共利益与私人利益的双重代言人。由于职业身份不同、代表角色认知情况不一样,人大代表实现公共利益与私人利益的动机强度会有所不同,在利益表达的方式上也会有所不同。但无论是哪种情况,偏重表达公共利益诉求的人大代表同时会提出反映私人利益诉求的建议,注重争取私人利益的人大代表也同样会提出反映公共利益诉求的建议。

(二) 双重动机的理论来源

公私利益表达的双重动机源于人性的双重性。马克思认为,人具有两种属性,一种是自然属性,另一种是社会属性。[①] 自然属性主要体现为自我保全,为实现个人的生存发展而行动。自然属性支配下的个人行为主要表现为功利性。社会属性是人的根本属性,主要强调人是社会关系网络中的人,受到社会关系、文化制度环境的影响制约。人要实现自我,需要得到社会的认可和他人的尊重,所以社会属性支配下的个人行为主要表现为利他性。

人性的双重性导致了作为完整意义上的人在利益诉求上具有双重性,即人同时具有满足自身生存发展和得到社会尊重认可的双重需求。在双重需求的支配下,人的行为同时具有功利性和利他性的特点。因此,从人性的角度来看,人大代表对公共利益的表达,并非完全出于功利性目的,而一定程度上源于其自身的内在需求。对公共利益诉求的表达有内生的成分,而不仅仅只是工具手段。

理性选择制度主义只强调人自然属性中的功利部分,而忽视了人社会属性中的利他部分。规范制度主义只看到了制度规范对人的影响,而忽视了人自然属性中逐利部分的本性。社会学制度主义只强调社会文化对人的作用,同样忽视了人自身的本性。马斯洛需求层次原理只从个体出发,看到了需求在利益表达中的动力作用,忽视了社会文化制度规范的外在影响。双重动机理论综合了这四种理论的观点,从人性的角度出发,更客观实际地对人大代表表达公共利益诉求和私人利益诉求的动机做出解释。

(三) 双重动机的提出背景

改革开放后,市场代替国家对社会资源进行分配。之前单一同质化的利益主体变得多元异质化,利益诉求复杂多样。人大代表既是国家的公职人员,

---

① 马克思:《关于费尔巴哈的提纲》,载《马克思恩格斯选集》第1卷,人民出版社1995年版,第16 - 19页。

也是社会的利益主体之一。作为个体的人大代表，他们同样面临着生存发展的压力，有着各种各样具体而实际的利益诉求。尤其在兼职代表制下，代表们在不脱离本职工作的情况下履行着代表职责。相比专职代表，兼职代表在进行利益表达时面临着更多的身份角色冲突。从个人理性角度来看，充分发挥自身代表身份的优势，利用人大平台去反映工作单位的问题和困难，积极主动表达单位的利益诉求和个人合理的利益诉求，这完全可能成为代表们积极履职的动力之一。

从社会文化和制度规范的要求来看，受几千年来"天下为公"传统文化的影响，代表们自觉接受了"公"文化的价值理念。"天下兴亡、匹夫有责"，心系苍生的高度责任感也促使当选的代表积极表达社会利益诉求。"人大代表为人民"，人大制度的价值理念也对代表们产生了强烈的影响，促使代表自发自觉地去回应选民的利益诉求。

同时，制度法律规范也会强制要求人大代表注重公共利益的表达，限制代表们对私人利益的表达。《中华人民共和国全国人民代表大会和地方各级人民代表大会代表选》（以下简称《代表法》）明确规定：各级人大代表是代表本选区或者本选举单位和人民群众的利益和意志行使国家权力，代表应当与原选区选民或者原选举单位和人民群众保持密切联系，听取和反映他们的意见和要求。同时规定，"代表应当正确处理从事个人职业活动与执行代表职务的关系，不得利用执行代表职务干涉具体司法案件或者招标投标等经济活动牟取个人利益"（第四十六条）。

以建议为例，为了更好地引导代表对公共利益进行表达，人大每年都会针对党和政府的工作重心制定选题指南，为代表们建议议案提供选题。针对代表们感兴趣的选题，人大还会统一安排相关的考察走访活动，为代表调研提供各种服务帮助。在代表提交建议后，人大还会组织人员、专家对代表的建议进行多次审查，筛选出符合制度规范要求的建议，提交人大常委会。对于那些不符合制度规范要求的建议则不予立案。制度规范为公共利益表达提供了保障机制。

总而言之，改革开放、市场经济催生了人大代表的利益意识和自主意识，利益的多元化、复杂化使得代表们有了强烈表达私人利益的需求动机。而社会"公"文化软性约束以及制度规范的硬性要求，让公共利益表达更是畅通无阻。代表们可能是出于社会责任感和道义感而自发自愿去表达公共利益，也可能是基于对私人利益表达的需要而工具性地表达部分公共利益。但无论是哪种情况，我们都可以看到，对公共利益和私人利益的表达共同构成了代表们积极履职的动机。

四、动机强度的数据分析

本文的实证材料是 W 市十三、十四两届人大代表在 2015—2017 年三年期间提出的 1129 件建议。建议材料、建议人的身份信息均来自 W 市的人大官网或其他新闻媒体网站。之所以选择建议做实证材料，是因为建议作为人大代表利益表达的重要方式，相对客观且容易被观察，并可反复利用。

（一）相关概念界定

《公共政策词典》中关于公共利益的定义为："指社会或国家占绝对地位的集体利益而不是某个狭隘或专门行业的利益。公共利益表示构成一个政体的大多数人的共同利益"[1]。王洛忠从社会共享性和非排他性的角度论述，认为："公共利益是具有社会共享性的全社会的整体共同利益。"[2] 王景斌把公共利益与私人利益进行对比，认为公共利益是与私人利益相对的一种利益，是超越了个体范围、为社会之全体或多数人所共享的利益。[3] 可见，学界关于公共利益的定义虽未统一，但仍存在一定的共识，即公共利益主要是指一定区域内所有人或大多数人的共同利益。

那么，什么是私人利益呢？王景斌认为，私人利益是指私人对能满足其各种需要的客观对象的确认。在这里，私人不等同于单个的公民个人，而是包括民法上所称的自然人、法人及其他组织。因此，私人利益不仅包括个人利益，还包括个体利益、企业利益等一切私主体的利益。[4] 从这个角度看，除了个人利益外，私人利益还应该包括企业利益、单位利益、部门利益等私主体的利益。

公共利益具有层次性，可根据地域范围分为多个层面的公共利益，如国家层面的公共利益、省级层面的公共利益、市级层面的公共利益等。公共利益和私人利益具有相对性。在某一范围内的是公共利益，在另一范围可能就是私人利益。如企业利益，涉及的是企业自身发展的利益诉求，在企业范围

---

[1] E. R. 克鲁斯克、B. M. 杰克逊：《公共政策词典》，唐理斌等译，上海远东出版社 1992 年版第 30 页。

[2] 王洛忠：《试论公共政策的公共利益取向》，载《理论探讨》2003 年第 2 期，第 90 - 92 页。

[3] 王景斌：《论公共利益之界定：一个公法学基石性范畴的法理学分析》，载《法制与社会发展》2005 年第 1 期，第 129 - 132 页。

[4] 王景斌：《论公共利益之界定：一个公法学基石性范畴的法理学分析》，载《法制与社会发展》2005 年第 1 期，第 129 - 132 页。

内，它是企业全体人员的公共利益。但如果站在全市范围来看，它反映的是极少数人的利益，所以还是属于私人利益范畴。因此，公私利益的划分具有相对性，而不是绝对的。本文研究的范围是W市，涉及W市内所有人或大多数人的共同利益必然称之为公共利益，涉及个人、企业、单位、部门等少数人的利益则称之为私人利益。

（二）归类编码

1. 身份归类

根据经验观察以及其他学者对人大代表身份的分类，本文把建议人分为党政官员、企业家、知识分子、其他四大类。因存在联名建议的情况，为方便统计，以排在第一位的建议人职业身份作为分类对象。本文所定义的党政官员是广义上的党政官员，主要包括市、区两级政府、人大、政协等主要职能部门的官员，工会、妇联等市级社会团体领导人，各区下属街道办事处主任、书记，各开发区管理委员会主任以及基层管理干部。本文企业家的范围也与学界其他学者的划分有所不同，不仅包括私营企业家，还包括国有企业和混合制企业的领导和高级管理人员。知识分子则主要指各大高校的教授、校长、党委书记，中小学校长、管理人员、教师，研究所工作者，医生、律师、工程师、技术负责人、金融银行类等专业人士。其他主要包括环卫工人等一线工作人员，以及军区代表、宗教界人士、艺术家人士。

2. 建议编码

根据建议实施所惠及的地域范围，本文把建议分为全市利益型建议、辖区利益型建议、部门利益型建议、行业利益型建议。① 具体编码分类的标准如下：涉及跨辖区或全市范围内的建议，且建议的实施将惠及全市利益，为全市利益型建议；具体协调某一辖区范围内的事务，涉及辖区的全区利益的建议，为辖区利益型建议；涉及某辖区内某一具体项目或某一具体单位、小区利益的建议，为部门利益型建议；无地域涉及，涉及的是某一行业、某一职业群体的具体利益诉求，为行业利益型建议。

在对建议整理的过程中，我们发现，有些建议虽然反映的是辖区和部门事务，但涉及了交通、环境保护与治理、煤气管道、居民用水等民生方面问题。为了更准确地呈现公共利益与特殊利益的层次性特征，我们对辖区利益和部门利益又进行了细分，把辖区利益型建议具体分为民生类辖区利益型建议和非民生类辖区利益型建议，把部门型建议分为民生类部门利益型建议和

---

① 本文对建议的编码主要参考了楼笛晴等学者对建议的处理办法以及李翔宇对建议的分类标准。

非民生类部门利益型建议。因此，对建议材料进行第一次编码分类，分成全市利益型建议、民生类辖区利益型建议、非民生类辖区利益型建议、民生类部门利益型建议、非民生类部门利益型建议、行业利益型建议六种类型建议。

公私利益作为抽象的概念，学界目前并无合适的标准去量化界定。为了明确人大代表公私利益表达的关系，我们结合公私利益的定义和相对性、层次性的特征，尝试确定了公私利益划分的两个依据：第一，建议所涉及的范围是否广泛，涉及全市大多数人的建议一定属于公共利益型建议；第二，建议所涉及的内容是否属于民生类型，涉及交通、环境保护与治理、煤气管道、居民用水等民生事务的建议都归类为公共利益型建议。所以，我们对上文中的六种类型的建议进行了二次分类，把它们简单划分为不同层次的公共利益型建议和不同层次的私人利益型建议。具体而言，全市利益型建议、民生类辖区利益型建议、民生类部门利益型建议都属于不同层次的公共利益型建议，非民生类辖区利益型建议、非民生类部门利益型建议与行业利益型建议则可视为不同层次的私人利益型建议。

（三）动机强度的数据分析

结合建议所表达的公私利益以及建议人职业身份，我们得出不同职业身份建议人公私利益表达的数据比例（见表1）。从表1可以明显看出，公私利益诉求表达占比大约为6:4。不同职业身份的人大代表同时注重对公共利益和私人利益的诉求表达。其中，公共利益诉求的表达占多数，居主导地位；私人利益诉求的表达略少，居从属地位。不同职业身份人大代表在公私利益表达的强度上略有不同，知识分子和党政官员比较偏重公共利益的表达，企业家和其他类型的代表比较偏重私人利益的表达。

表1 不同职业身份建议人的利益表达情况

单位：%

职业身份	不同层次公共利益占比			不同层次私人利益占比		
	2015年	2016年	2017年	2015年	2016年	2017年
党政官员	59.7	68.9	57.5	40.3	31.1	42.5
企业家	64.0	57.4	52.1	36.0	42.6	47.9
知识分子	75.2	47.5	65.9	24.8	52.5	34.1
其他	65.0	36.0	71.7	35.0	64.0	28.3

资料来源：笔者根据W市人大官方网站及网络新闻报道自行整理。

五、动机诉求的文本分析

前文从理论的角度分析了人大代表利益表达的双重动机，并通过数据进一步呈现了不同职业身份人大代表双重动机的强度。那么，不同职业身份的人大代表的公私利益诉求是什么？他们是如何表达公私利益诉求的？

（一）人大代表私人利益诉求点

党政官员在私人利益的表达上，比较注重对福利、待遇、权力、编制等利益诉求的表达。如某街道办主任提出"关于解决社区工作者退休后的退休待遇政策不合理问题的建议"等四个建议，为社区工作者极力争取养老、身份、社保等各个方面的待遇。某新城区党政官员提出"关于统筹个区党政主要负责人报酬的议案"，希望可以统筹新城区党政干部与中心城区、市直部门同资历、同级别、同职务的同志的待遇。某村级干部提出"关于适当提高村级副职干部薪酬待遇的建议"，要求提高村级干部的薪酬福利待遇。除了福利、待遇外，部分党政官员也为所在行政部门向市委市政府争取权力、编制。如某经济开发区产业园副主任提出"关于推进行政审批制度改革的建议"，要求市级职能部门放权，明确或授予开发区行政审批相关的权力。某经济开发区街道工委书记提出"关于妥善解决城管执法人员身份问题的建议"，明确提出经济开发区城管执法人员的编制问题。

企业家在私人利益的表达上，比较注重对个人企业发展中所遇到的具体困难和问题的反映。如某企业代表提出"关于B企业户管迁移的建议"；某建筑公司代表提出"W大学教工住宅验收问题"；某油气企业代表提出"关于码头拆迁置换陆上加油（加气）站建站规划的建议"；某企业代表提出"关于落实Z项目经营性用地指标的建议"；还有某企业代表作为当事人，提出"关于抓紧执行C公司申请执行B公司一案的建议"，希望政府帮忙追回商业欠款。

知识分子在私人利益的表达上，也同样较为重视对所在单位具体利益诉求的表达。如某大学教授提出"关于H大学微波站危房及校区内邮局危房处理建议"；某大学党委书记提出"关于将市中心医院设为C大学附属医院的建议"；某大学校长提出"关于尽快改善C大学附属医院周边公共交通问题的建议"；某医院代表提出"W市妇幼保健应对全面二孩政策实施的建议"，明确提出其医院在项目推进、医疗用地、人才引进、工资绩效等方面的利益诉求；某律师代表提出"加快推进H城中村改造项目的建议"，要求政府在落实拆迁政策，并在项目推进上予以支持。

其他类代表在私人利益表达上，立足于职业环境与生活环境，非常注重对工作单位、生活小区环境利益诉求的表达。军区代表所提交的90%以上的建议都与军队营区的利益息息相关，如"关于搬迁Q村油漆厂，解决营区空气污染问题的建议""关于加快解决医院营区周边道路拥堵官兵出行和患者就诊不便的建议"等建议。城管局清扫队某队长代表提出"减免征收环卫作业车辆路桥（隧）通行费""关于将我市生活垃圾处理用地纳入城市规划控制用地的建议"等反映单位诉求的建议，该代表还提出"关于四环线某路段距离小区外墙过近，不按国家安全标准设计，造成人民生命安全受到威胁的问题"，反映其所居住小区居民的利益诉求。宗教界人士所提建议主要关注的是古寺扩建、周边环境规划建设等问题，如"关于扩建G寺丰富我市旅游资源的建议""关于配合中心城市建设做好G寺整体规划"。

总的来说，人大代表们的私人利益诉求主要集中在自身福利待遇、本单位部门在生产发展中所遇到的自身无法解决的困难和问题，需要政府提供政策支持和落实、项目批准和推进、税收和贷款等方面的帮助。

（二）人大代表公共利益诉求点

党政官员非常重视对公共利益诉求的表达，但不同层级的党政官员对公共利益表达的侧重点不同。市级核心党政部门的官员代表所提建议数量非常少。他们比较重视交通、环境等民生类问题，以及弱势群体利益的保障或城市整体发展建设等宏观方面利益诉求的表达。区级官员、基层干部、市级边缘部门的官员，虽也非常注重公共利益的表达，但他们所表达的公共利益主要是地区或局部范围内的公共利益，主要以其本职工作为出发点，围绕本职工作的开展来提出建议。为了争取上级领导对其工作的支持，他们利用人大代表身份把自己工作开展过程中的具体问题、困难、请求通过人大向市级领导反映。如某区环保局局长以人大代表的身份提交了"关于加大L湖生态保护投入的议案"。该环保局局长之所以采用这种"曲线救国"的方式推进工作，可能是源于其工作的推进未能受到同级政府的重视，或者是由于其反映的问题同级政府也无力独立解决，所以他们选择这种方式向上级争取支持。又如市总工会常务副主席于2017年提出了三个建议："关于对我市职工医疗互助工作给予支持的建议""关于加大区级工人文化宫建设支持力度的建议""关于提请市委市政府高度重视、培养'大城工匠'的建议"。三个建议案虽从全市利益的角度出发，但建议里多次提到经费、补贴、政策等利益诉求，希望能得到市委市政府的支持，争得更多资源以开展工作。

企业家代表一方面比较重视对社会交通、环境保护、医疗养老、城市管理、全市经济、社会发展规划等公共利益诉求的表达；另一方面，他们也会努力寻找本职工作与公共利益的契合点,力争实现公私两种利益诉求的表达。企业家代表喜欢从所在的行业出发,就 W 市在经济发展、生态保护、老年化、社会保障等社会热点难点问题提出专业建议。这样既有利于帮助政府解决这些棘手的社会热点难点问题,又可以实现公司企业的利益诉求表达。如某信用投资公司董事长提出"关于促进我市信用体系建设的建议",某旅游公司总经理提出"关于推进生态旅游资源保护的建议",某保险公司总经理提出"关于开展电梯安全责任保险试点的建议"。

除了和党政官员、企业家一样关注交通、环保、弱势群体利益保障、民生类公共问题外,知识分子也更多聚焦于行业与专业,从行业与专业角度提出公共利益类建议。如教育行业的代表主要聚焦于教师招聘、编制、调动等行业类问题,具体如实验小学校长提出"关于进一步扩大教师专项招聘比例的建议""关于将我市事业单位公开招聘时间提前的建议"等;医生代表提出"艾滋病防制工作急需补固中学生性健康教育环节""关于进一步完善自闭症患者教育康复服务体系的建议"等;律师代表提出"关于我市对政府和社会资本合作进行地方立法的建议""关注服刑人员未成年子女健康成长的建议"等。

其他类代表则较注重对垃圾分类、社会管理、老弱病残弱势群体等公共利益诉求的表达,如"关于在全市逐步推行生活垃圾分类收集的建议""关于维护老年人合法权益、规范保健食品及保健医疗器""关于建立预防未成年人犯罪立体化网络的建议"等。

人大代表关于公共利益的诉求主要集中在环境保护治理、交通治堵、道路维修、地铁路线开通、环境保护治理等民生方面,城市管理、社会管理、全市经济宏观发展方面,以及弱势群体(儿童、老人、残疾人、农民工等)的权益保障等方面。不同职业的人大代表在进行公共利益表达的时候一般从自己所在行业或专业出发,结合本职工作进行公共利益诉求的表达。

总体来说,人大代表在公私利益的表达上,尽管职业身份不同,但代表们都倾向于围绕本职工作来表达利益诉求,从本职工作的推进开展出发,通过建议努力反映与本职工作密切相关的利益诉求。

六、双重动机的现实链接:本职工作

从前文的分析来看,不同职业身份的人大代表都倾向于围绕本职工作来进行公私利益诉求的表达。那么,为什么代表们会倾向于围绕本职工作来进行利益诉求的表达?

从双重动机理论来看,本职工作是作为自然人的个人实现自我保全和作为社会人获得社会尊重认可的重要手段。在社会主义社会，由于物质资料还没有丰富到可以实现按需分配，劳动仍然是个人生存发展的第一要素。所以，作为自然人的个人，要想自我保全，必须通过辛勤劳动、努力工作来换取个人生存发展所需要的物质生活资料。同时，作为社会人的个人要想得到社会的认可和他人的尊重，也需要通过对社会和他人做出贡献来实现。社会分工将每个人变成了螺丝钉，对社会和他人而言，个人最大的价值在于为社会和他人提供优质的产品或服务。做好本职工作，为社会和他人提供更好的产品和服务，这是获得社会认可和他人尊重的重要手段。因此，本职工作对个人而言意义非凡：它不仅是作为自然人的个人获得生存发展的重要手段，而且是作为社会人的个人期待得到社会和他人认可的必备条件。

由于我国实行的是兼职代表制，代表们在不脱离本职工作的情况下履行代表职责，本职工作是代表获得候选人资格的重要条件。《中华人民共和国全国人民代表大会和地方各级人民代表大会选举法》（以下简称《选举法》）第三十条明确规定：人大代表候选人按选区或者选举单位提名产生。各政党、各人民团体，可以联合或者单独推荐代表候选人。选民或者代表，十人以上联名，也可以推荐代表候选人。目前来看，在人大代表的选举中，组织团体推荐的候选人占绝大多数，独立候选人名额非常少。经组织推荐的人大代表候选人，需综合考虑"德""才"两个方面的表现。在"德"这一基本前提下，组织更多关注的是提名候选人的"才"。"才"很大程度上是通过考察候选人本职工作情况得以确定的。爱岗敬业、在工作岗位上有突出贡献的候选人通常会被优先考虑。同样，选举单位也拥有代表候选人的提名权。代表们要想通过选举单位的渠道获得提名候选人的资格，就必须在本职工作岗位上表现出色，是本行业、本单位的先锋楷模。只有本职工作做得好，才可能获得选举单位的推荐。所以，本职工作是代表获得人大代表候选人资格最重要的条件之一。

本职工作单位也在一定程度上掌握着人大代表的监督权和罢免权。《代表法》第四条明确规定：人大代表必须与原选区选民或者原选举单位和人民群众保持密切联系，听取和反映他们的意见和要求，努力为人民服务。《选举法》第五十条规定：代表受选民和原选举单位的监督，选民或者选举单位都有权罢免自己选出的代表。不少选区和选举单位要求他们选举出来的人大代表每年都要向选区、选举单位述职，汇报自己作为人大代表的工作情况。在按系统和地域划分选区的实际选举中，很多选举单位都与代表所在的工作单位相重合。原选举单位拥有对人大代表的监督权、罢免权。在这种情况下，当本职工作单位的利益诉求等同于选举单位的利益诉求时，人大代表不得不考虑原选举单位的利益诉求。

以本职工作为利益诉求表达中心,既体现了人大代表追求公共利益的动机,也体现了他们追求私人利益的动机。本职工作是不同职业身份的人大代表表达公私利益的动力之源,也是双重动机理论链接现实的落脚点。

七、结　语

人在进行理性选择时看似自由,实则无时无刻不受社会文化制度规范的影响。一方面人创造了制度文化规范,另一方面制度文化规范反作用于人。文化制度规范的价值要求会潜移默化地渗透到每个个体的思想意识当中,成功的制度甚至可以重塑个体的价值偏好。制度影响着人,人也影响着制度,人与制度在互动中促进了制度的发展。

人大代表积极进行利益表达,不仅需要看到个人理性选择在其中的作用,还应该看到社会文化制度规范在其中的作用。任何代表都同时具有表达公共利益和私人利益的双重动机。只是由于每个代表所处的环境和阶段不同,所以,表达公共利益的动机和表达私人利益的动机强度有所不同。在双重动机的驱动下,代表们积极表达着公共利益和私人利益。

制度规范要求,人大代表是人民群众的"代言人",人大代表为民代言,反映民意,为民履职。但在政治生活实践中,人大代表仍有着自身的利益诉求,他们具有表达公共利益和私人利益的双重动机。这就要求人大必须加强人大代表的引导,建立并完善人大代表利益表达的审核机制,以防止私人利益对公共利益的侵蚀。

当代中国地方人大代表的角色及其转向
——以浙江省民生实事项目代表票决制为分析切入点*

刘传明　林奇富**

民生实事项目人大代表票决制是浙江省在人大方面的一项制度创新。它最早在浙江宁海的力洋镇和大佳何镇试行，目的是帮助政府更好地解决与人民切身相关的民生实事。具体来说，它是一项在党委领导下，政府通过广泛征求人大代表和人民群众意见提出民生实事候选项目，经同级人大代表在人代会上投票决定后，交给政府组织实施，并接受人大代表和人民群众监督和评价的制度。① 正是通过这一制度，民生实事实现了由"政府自己定自己办"向"群众提、代表决、政府办、人大评"的转变。这不仅打破了政府决策与群众需求不一致的瓶颈，帮助政府将有限的资金、精力用在群众急需的民生实事上，而且还依托制度平台使得党委、人大和政府之间的角色定位更加明确，从而有效地解决了各治理主体之间长期存在的"缺位""越位"问题。作为人民代表大会的重要行动者，地方人大代表的角色定位在实践中也面临同样的困境，尤其在闭会期间，由于缺少必要的履职载体，其作用并未得到应有的发挥。代表票决制的出现则为地方人大代表提供了有效的履职平台，从而使其在民意反映、项目决策和过程监督等方面的角色发生了明显的变化。在票决民生实事的各个环节中，地方人大代表自始至终都参与其中，其主体作用也因此得到很大程度的释放。这对于民生实事的科学决策、有效执行，以及满足人民对美好生活的需要都有着十分重要的意义。

目前，代表票决制在浙江已经实现了市县乡三级全覆盖，并在全国其他地区也呈现出借鉴推广的趋势。鉴于代表票决制在民生实事制定方面的优势

---

* 本文系国家社科基金一般项目"当代民主代表理论研究"（17BZZ085），吉林大学重点研究基地重大项目"作为政治过程的民主代表制研究"（2018XXJD01）、吉林大学行政学院2018年研究生创新研究项目"国家治理体系下人大代表的角色和功能定位"的阶段性研究成果。

** 刘传明，吉林大学行政学院博士研究生；林奇富，吉林大学行政学院暨社会公正与政府治理研究中心教授，博士生导师。

① 宁海县新闻中心：《宁海"政府实事工程 人大代表票决制"》，见宁海新闻网（http://nh.cnnb.com.cn/ztnews2/piaojz/index.html），2019 - 07 - 14。也可参见陈波《重大事项决定权的实践及路径优化：兼论"民生实事项目代表票决制"》，载《人大研究》2017年第6期。

和人大代表在其中的作用,本文试图以浙江省民生实事项目代表票决制为切入点,考察和分析代表票决制实施前后地方人大代表的角色变化,目的在于通过这一变化来揭示人大及其代表在中国政治生活中的实际作用,并在此基础上探寻和把握这种变化的现实意义和未来趋势。

一、中国地方人大代表的角色考察

角色,是个社会学概念,意指"对群体或社会生活中具有某种特定身份的人的行为期待"[1]。地方人大代表作为一个具有特定身份的群体,同样承载着人们对他们的行为期待。根据《中华人民共和国全国人民代表大会和地方各级人民代表大会代表法》(以下简称《代表法》)对地方人大代表权利、义务的规定,并结合他们在政治生活中的表现,我们发现地方人大代表的角色主要有四种,分别是国家代理人、民意反映者、政策建议者和权力监督者。并且,这些角色并不是一成不变的,而是随着法律的调整和人们期待的变化处在不断的变动和发展之中。

(一) 国家代理人

国家代理人是指地方人大代表充当政府而非选民代言人的一种角色。担当这一角色的地方人大代表往往把国家利益看作是最重要的,对选民的关注则非常有限。它视自己为政府工作的助手,其主要任务是作为领导与群众之间的桥梁,代表国家向人民群众解释政府的法律和政策。[2] 具体来说,它可以包括三个方面的内容:其一,负责向群众传达上级的精神和政府的意图;其二,从国家利益的角度解释某些不受欢迎的政策;其三,作为模范对法律进行宣传,并协助法律的执行。可见,地方人大代表的国家代理人角色主要承担的是传达、劝导和教育等方面的功能,有着明显的为政府辩护的成分,在向群众进行解释时往往会强调政府的难处并希望群众尽量以国家和整体的利益为重。国家代理人是地方人大代表一开始所承担的最主要的角色,这与国家对人大代表的期望——在人民面前代表政权——有很大关系。一般来说,作为国家权力机关的组成人员,地方人大代表并不会排斥作为国家代理人存在。原因除了政权对代表明确的期望之外,还因为有些地方人大代表意识到通过为国家服务会使自己有所获益。不过,随着人们对人大代表期望的增多和机构改革的进行,地方人大代表逐渐获得新的角色。这些新角色虽与之前

---

[1] 戴维·波普诺:《社会学》,中国人民大学出版社2007年版,第78页。
[2] Kevin J. O'Brien, "Agent and Remonstrator: Role Accumulation by Chinese Congress Deputies", *The China Quarterly*, No. 138, 1994, pp. 359–380.

的国家代理人角色时有冲突，但地方人大代表仍会尽可能地保持其代理人的身份，因为这样会使他们在履职时既具合法性又能保证效率。有些学者在经过调研后曾提出"地方人大代表的国家代理人角色消失"的观点①，其实地方人大代表的这一角色并没有消失，而是转换成了一种新的形式。进入20世纪90年代后，很多地方人大代表认为，"政权"代理人应当是政府需要扮演的角色，自己真正需要做的应该是宣传人大制度本身，模范带头遵纪守法而不是解释法律和政策。原来的国家代理人变成了法律的模范倡导者。地方人大代表的角色总体呈现出向下的趋势，由原来的国家代理人逐渐向偏重民意代言人的方向转变。

（二）民意反映者

民意反映者是指地方人大代表所承担的民意代言人的角色。一般认为，代理功能是人大代表最为基本的功能。只是这里的代理不再是作为政权的代理人存在而是变成了人民群众的代言人。从权力来源的角度看，这与人大代表由人民选举产生有很大的关系。因为地方人大代表是由选区选民或选举单位选派到国家权力机关中，代表本选区、本选举单位或人民群众来行使国家权力的。这决定了地方人大代表的核心任务必然会围绕人民来展开：反映群众的意见，代替他们行动。《代表法》对人大代表的这种角色也做了比较明确的规定："（人大代表要）与原选区选民或者原选举单位和人民群众保持密切联系，听取和反映他们的意见和要求，努力为人民服务。"② 可见，地方人大代表除了承受国家的期望之外，还会被期望作为人民的代言人存在。承担这一角色的地方人大代表一般需与人民保持紧密的联系，以便发现社会问题和听取公众诉求，并在此基础上将它们转达给相关国家机关，然后解决落实。至于地方人大代表所反映的意见则通常与人们的日常生活有关，大多是人们面临的一些实际问题，比如修路、修桥，改善公共设施，减轻环境污染，提供教育和医疗服务，以及维持公共秩序，等等。民意的反映则往往会以批评、意见的形式来体现，或者通过人大全体会议或其他会议将公众诉求直接反馈给党和政府的领导。"敦促、提出建议或请领导加以重视"是这种角色最常见的说辞。欧博文所提出的"进谏者"，里面主要包含的就是这种意见反映的功能。比如将公众诉求提请决策者注意、接受来信来访以撰写议案，以及转达

---

① 黄曦鹏：《代理人与建议者：中国地方人大代表角色的新分类：以四川省乐山市为例》，载《乐山师范学院学报》2014年第8期，第108–115页。

② 详见2015年版《代表法》第四条第五款。

人民对政府工作的要求并指出其不合理之处等。① 不过，地方人大代表的民意反映者角色并不是一开始就受重视的，而是经历了一个先抑后扬的过程。在经历以国家代理人为主之后，自20世纪90年代起，人大代表所反映的公众诉求对政府政策的影响越来越大。这一定程度上也体现出地方人大代表民意反映者的角色越来越重要。但是，这仍然免不了代表意见流于形式的问题。

（三）政策建议者

所谓政策建议者，所体现的主要是一种类似于"顾问"或"智囊"的代表角色。它与欧博文所说的"进谏者"不同。"进谏者"更多的是扮演合法的投诉者的角色，强调的是意见反映的功能。担当这一角色的代表往往会提一些要求或反映一些情况，但可能并不是政策、决策层面的。而政策建议者则通常意味着人大代表在很多重要的问题上为政府提供政策建议（而非直接提供政策），有时甚至通过有法律效力的决定、决议使政府加以执行。承担这一角色的地方人大代表，其议案若获得采纳，往往是因为这些提案是正确的或适用的，而不是因为他们反映了选民的意愿。一般来说，地方人大代表在这一角色上的作用要比全国人大代表更明显，有知识背景的代表和一些官员代表要比其他代表更倾向于作为政策建议者行动。② 因为他们基于自己的身份和所拥有的知识，对这类事务往往比较擅长。另外，对于地方人大代表而言，他们主要是作为政策建议者存在而不是作为政策制定者存在。两者有着明显不同。人大代表的政策建议者角色与西方自由民主中的政策代表是类似的，也可以作为意见领袖来行动。当类似于政策代表时，它主要负责搜集信息并充当党和政府在政策执行上的顾问；当作为意见领袖进行行动时，它主要通过向人大提交法案来做出立法规划。两者都没有能力直接影响重要政策的制定。其实，各个层级的人大代表起初在决策过程中发挥的作用都十分有限。举例来说，在1983—1993年的十年时间里，全国人大代表共提出3667条建

---

① Kevin J. O'Brien, "Agent and Remonstrator: Role Accumulation by Chinese Congress Deputies", *The China Quarterly*, No. 138, 1994, pp. 359-380.
② Young Nam Cho, "Public Supervisors and Reflectors: Role Fulfillment of the Chinese People's Congress Deputies in the Market Socialist Era", *Development and Society*, Vol. 32, No. 2, 2003, pp. 197-227.

议,仅有4条作为法案被列入人大议程,只有1个被通过。① 地方层面人大代表的决策作用由此可见一斑。人大代表的这一角色实现突破发生在20世纪90年代初。在这一时期,各个地方虽存在地区差异,但都呈现出代表提案增多、地方人大代表政策提议积极活跃的趋势。不过,即使代表角色出现如此可喜的变化,我们还是应该意识到,地方人大代表的这一角色并不是发生了质的变化,而是仍然局限在提供政策建议的层面上。

(四)权力监督者

地方人大代表的权力监督者角色主要是指人大代表对"一府两院"等国家机关及其工作人员的监督。作为地方人大内部的主体,地方人大的监督权一般会通过地方人大代表来完成。但相比于其他角色,地方人大代表的监督者角色在一开始并不是很突出,发挥的作用十分有限。直到20世纪90年代,在党委转变对人大的态度,将其作为防止地方政府干部腐败的有效手段时,②地方人大代表的监督作用才得以有效发挥。并且,党中央也意识到,地方人大代表的监督者角色在缓解中央政策在地方执行不力的问题上也是有作用的。这得益于它在两方面的优势:第一,人大代表的数量可以形成一个庞大的监督群体;第二,他们可以以人民的名义来行使监督权。③ 以此为起点,之后地方人大代表的监督者角色主要侧重在两个层面上:一是监督地方政府对法律、政策的执行情况,二是监督公共部门及其官员是否存在权力滥用与腐败。对于这些情况的监督,地方人大代表通常会通过集体参与的形式进行。比如,在人大全体会议时,审议国家机关的工作报告、审议国家预算和国民经济与社会发展规划的草案及执行情况;在地方各级人大常委会(或乡镇主席团)的领导下参加集体视察、专题调研等活动;通过代表小组联合会见公共部门的负责人和党的领导,指出法律和政策执行的问题等。另外,地方人大代表

---

① 全国人大常委会办公厅研究室:《中华人民共和国人民代表大会文献资料汇编(1949—1990)》,中国民主法制出版社1990年版;期刊记者:《八届全国人大一次会议代表提出的议案审议报告综述》,载《中国人大》1994年第3期,第12-16页。"在同一时期,全国人大代表共提交建议34233条。"("In the same period, the NPC deputies submitted 34233 proposals in total.")以上转引自 Young Nam Cho, "Public Supervisors and Reflectors: Role Fulfillment of the Chinese People's Congress Deputies in the Market Socialist Era", *Development and Society*, Vol. 32, No. 2, 2003, pp. 197-227。

② Young Nam Cho, "From 'Rubber Stamps' to 'Iron Stamps': The Emergence of Chinese Local People's Congresses as Supervisory Powerhouses", *The China Quarterly*, No. 171, 2002, pp. 724-740.

③ 虞崇胜、温潇俊:《海外学者研究中国人大代表角色转变的向度与动因》,载《人大研究》2017年第1期,第31-37页。

的监督者角色也可以由个人单独进行。比如代表个人通过走访法律执行部门，会见相关领导并要求解决相关问题，或者在他们注意到法律实施存在违法情况时，亮出自己的代表身份进行抗议。这样，地方人大代表的监督效果从20世纪90年代起有了很大的改善。一个重要的表现就是，地方人大代表建议的落实率大大提高。地方人大代表会利用自己的监督角色，使得政府考虑自己的要求和建议。如果相关国家机关拒绝接受代表的要求时，地方人大代表会通过自己手中强有力的质询权进行质询。虽然地方人大代表的监督功能与过去相比有了很大增强，但有些问题仍然不容忽视。比如，与宪法、法律赋予它的地位相比，地方人大代表的监督角色在实际的政治生活中并没有得到与之匹配的重视。并且很多时候代表的监督都是事后监督，监督缺乏持续性，实际效果难以保证。

以上四种角色主要是从积极的角度进行的考察，但不可否认的是，消极的地方人大代表也是确实存在的。代表可能会因为工作比较忙、能力一般、存在感不足或怕承担责任等原因而不履行代表相关职责或只是形式性地履行职责。他们更多的是将人大代表作为一种荣誉称号，因而在行动上比较消极。此外，地方人大代表的表决功能在真实的政治生活中也是不可忽视的，因此，其角色可能并不仅限于西方学者所归纳的上述四种。

二、中国地方人大代表的角色转向

对于中国地方人大代表而言，其角色不管是积极还是消极，都存在于国家政治生活的各个方面。但是进入新时代在我国社会主要矛盾发生变化的背景下，地方人大代表的工作应该有所侧重。所以，在"人民日益增长的美好生活需要和不平衡不充分的发展之间的矛盾"成为我国社会主要矛盾的情况下，地方人大代表理应顺应人民对美好生活的期待，将工作重点往人民比较关心的民生实事上转变。由浙江省宁海县首创的"民生实事项目人大代表票决制"就是在这个领域的一项制度创新。它很好地将人大代表和民生实事结合起来。在解决社会主要矛盾的同时，也利用履职平台将地方人大代表的作用充分发挥了出来。代表票决制由此成了人大"做活代表工作、做实决定工作、做深监督工作"的重要抓手。以此为基础，并通过对比代表票决制实施前后人大代表在国家治理过程中作用的变化，我们发现地方人大代表在民生实事领域实现了某种程度的角色转变。

（一）从旁观者到民意反映者

民意反映者是地方人大代表最为基本的角色，其与人民群众的关系也最为密切。但在人们普遍关心的民生实事领域，地方人大代表的这一角色却存在明显的缺位现象，直到民生实事项目人大代表票决制的出现，才使其逐渐"清晰化"。

就很多地方而言，民生实事项目都是由政府"自己定自己办"。也就是说，项目的产生并非来自民众，而是由政府各部门提出。其具体过程为，发改委（局）根据各部门申报情况，经过筛选，在地方政府和党委先后通过后，确定民生实事项目。可见，这些地方民生实事项目的产生是自上而下的，并没有过多地征求和考虑民众的意见。民生实事项目的确定存在明显的政府包办的问题。地方人大及其内部的地方人大代表在这一过程中发挥的作用不大。这也使得地方人大代表的民意反映者角色在民生实事领域中处于相对"悬空"的状态。由于代表与人民群众的密切联系，地方人大代表仍然能较为容易地征集和听取群众的意见，但是意见的反映却只能等到人代会期间才能实现。[①]即使在闭会期间代表能够列席本级人大常委会，也是在受邀的情况下才能反映具体情况和意见。在民生实事项目整个的制定过程中，地方人大代表在民意反映方面的功能并没有得到充分发挥。他们更多的是作为一个旁观者存在。这种情况导致政府决策与群众需求之间往往存在严重的脱节。政府投入大量精力和资金制定和实施的实事项目，但因与群众的视角不一致而经常出现群众不理解、不领情、不满意的问题。

民生实事项目人大代表票决制的实行，则有效地解决了上述问题。地方人大代表正是通过这一在闭会期间的履职平台，参与到了民生实事项目的制定过程中，从而将其反映民意的功能充分地发挥了出来。首先，在民生实事的项目征集阶段，地方人大代表不仅听取了群众意见还能通过票决制平台将意见及时反馈给政府。在这一阶段，地方政府的角色发生了转变：由包办一切变成了民生实事项目的主导者。意见建议的征集还是由政府发起并通过走访、约谈、问卷调查等形式完成。但不同的是，地方人大代表在这一过程中开始起作用，其能够依托代表联络站等平台，在地方人大的组织下广泛听取群众意见，并通过议案和建议的方式将意见反映给政府。其次，在民生实事的项目初定阶段，地方人大代表也会继续参与，对政府经过筛选整理所确定的初步候选项目提出相关意见。在这一阶段中，政府首先会对所征集到的意见建议进行筛选、汇总，在此基础上提出民生实事候选项目。而在候选项目被依次提交政府、同级党委和人大常委会讨论确定前，政府会再次征集地方人大代表和相关部门单位的意见。通过这两个阶段，地方人大代表的民意反映功能在民生实事领域逐渐清晰起来。地方人大代表也由原来的民生实事项

[①] 代表的职权，如提出议案，提出建议、批评和意见等，只能在大会期间行使。闭会期间的活动是为开会做准备的。参见蔡定剑《中国人民代表大会制度》，法律出版社1998年版，第203页。

目的旁观者变成了真正的民意代言人和反映者。

(二) 从政策咨询者到事项决策者

在人大代表票决制实施之前，包括至今仍未实行代表票决制的地方，其民生实事项目主要是由政府直接决定。在这一过程中，民生实事项目并不会专门经过人大程序，而是作为政府工作报告的一部分，在人大会议期间以整个报告的形式征求人大代表的意见。可见，对于这些地方而言，政府才是民生实事项目的实际制定者。地方人大及其代表只不过是政府工作报告的监督者和审议者。它们实际针对的主要是作为整体的政府工作报告而非单独存在的民生实事项目。民生实事项目的制定其实在人大开会之前就已经由政府完成。至于地方人大及其代表所做的则是项目制定后的审察工作。之所以出现这种情况，其实与地方人大代表在闭会期间缺少必要的履职平台有很大关系。正是由于这种履职机制的不完善，才使得地方人大代表在闭会期间的活动受到很大的限制。他们在闭会期间往往只能发挥听取民意和监督政府的功能，意见反映和政策建议的功能则严重受限。只有在政府就民生实事项目咨询地方人大代表时，其政策建议者的角色才略有体现。不过，代表在这种情况下所承担的角色仅仅是作为供政府进行咨询的顾问而已，在实质上并没有起到多大的作用。它进行的只是一种应政府需要的被动回应，充当的也只是政策建议的提供者，而不是政策项目的制定者。

不过，在民生实事领域实行人大代表票决制之后，地方人大代表的角色出现了明显变化。这种变化具体可以体现在两个方面。一方面，在审议内容上，地方人大代表除了审议相关工作报告和法律议案之外，还添加了具体的民生实事项目。这种变化使得地方人大代表的角色也随之发生变动。代表之前在这一阶段的工作主要是听取和审查工作报告或法律议案[1]，充当的往往是监督者的角色。而现在地方人大代表则开始直接参与民生实事项目的决策。另一方面，在民生实事的项目票决阶段，地方人大代表由政策咨询者变为项目决策者。当政府包办民生实事项目时，地方人大代表对于政府而言，只不过是供其进行咨询的顾问而已。这种政策建议的提供者角色往往有着更多"进谏"的意味。而当代表参与民生实事项目时，地方人大代表则在提供政策的同时实现了往项目决策者方向的转变。一般情况下，在政府提出 12 项民生实事的

---

[1] 蔡定剑：《中国人民代表大会制度》，法律出版社 1998 年版，第 439-440 页。

候选项目后，代表会对自己认可的 10 项做出选择①，然后根据票数多少从高到低确定最终项目数。在这一过程中，地方人大代表不仅通过票决为政府提供了民生实事方面的具体政策，还通过票决取代政府成为民生实事的项目决策者。

（三）从事后监督到全程参与

权力监督者是地方人大代表约束和督促政府等国家机关及其内部人员的一种角色。它的存在不仅能够彰显地方人大代表的重要性，而且在地方层面越来越显现出强大的活力和发展潜力。在民生实事领域实行代表票决制之后，地方人大代表的权力监督者角色本身其实并没有发生本质性的变化，只是在监督的形式上由事后跟进扩展到全程参与。

在项目审议和票决阶段，民生实事虽由人大代表票决产生，但代表投票所决定的民生实事"只是在程序上完成了项目的确定"，要想真正地落实生效，离不开地方人大代表的监督作用。然而对于过去很多地方的人大代表而言，其监督者角色往往带有事后跟进的特性，即代表的监督行动出现在事发之后。② 比如，代表对于政府工作的监督大多是在下次人代会时，以听取和审议政府工作报告的形式来检查其工作执行情况。即使在闭会期间通过视察的方式了解和检查本行政区内相关国家机关法律和工作的执行情况，也都是在法律生效和工作执行之后，并未参与到其制定和执行的过程中。由此可见，地方人大代表监督公共权力的作用实际上是十分有限的，其存在明显的滞后缺陷。这种事后性虽然可以保证行政、司法机关独立地行使职权，避免人大及其代表干扰工作。但是它也使得地方人大及其代表的监督功能受到很大限制，使其很难对政府工作产生持续有效的约束和督促。

不过，随着民生实事项目人大代表票决制的实行，地方人大代表的监督功能有了很大改观。代表的监督者角色不再仅仅局限于事后跟进，而是开始贯穿于政府工作的整个过程。首先，也是最重要的，地方人大代表在闭会期间能对项目实施情况进行跟踪监督。通常在项目确定后，地方人大代表会在地方人大及其常委会的组织下，及时分解项目监督的任务。他们一般会根据项目情况被分成若干监督小组，以方便对项目进行对口跟踪。而在项目执行

---

① 各个地方、各层级政府所确定的民生实事项目数量各不相同，比如，宁海县力洋镇在刚开始探索时是从 20 项候选项目中选择 10 项，河北衡水则是从 15 项中选择 12 项。虽然候选项目的数量不统一，但最终确定数量目前大多以 10 项为准，且普遍遵循差额票决的原则。

② 人民代表大会的监督权具有事后性的特点。而作为人大的重要行动者，人大代表的监督者角色也具有这一特性。详见蔡定剑《中国人民代表大会制度》，法律出版社 1998 年版，第 375 页。

过程中,代表则可以借助执法检查、预决算审查监督、专题询问以及视察调研等形式,完成"一月一通报、一季一督查、半年一报告、一年一测评"①的年度监督计划。地方人大代表几乎在项目执行的每个时段,不管是每月、各季度还是年中、年底,都有比较明确的监督任务。这些活动的开展基本上覆盖了项目实施的整个过程。其次,地方人大代表仍然能就项目的实施情况听取政府汇报,但不同的是,添加了代表对政府执行情况的满意度测评。这一行为主要发生在项目的评估阶段。全体人大代表在听取和审议政府关于民生实事执行情况的报告后,并不意味着监督的结束,他们还要对项目的完成情况进行满意度测评。如果政府未能如期完成任务,代表会要求其做出解释;而对于执行不力造成严重后果的,代表则会通过质询、特定问题调查等形式来强化监督。②此外,监督机制的创新也为代表全程监督提供了可能。比如,鄞州区的"1+1+N"动态监督,就通过票决项目与代表的联结,即"每个票决通过项目由1名区人大常委会领导带队,1个区人大常委会相关工委对口联系,若干个镇(街道)代表小组参与"③,实现了对票决项目的全年动态监督。宁海县所推出的"宁海票决制"App,借助网络的优势将人大代表的监督扩展到了政府工作的整个过程中,它的即时功能可以帮助代表随时查看项目进展并提出项目监督意见,从而有效地加强了对政府的督促和约束。

三、评论与展望

人大代表是国家治理体系中重要的政治行动者。其角色转向往往意味着人大代表在政治生活中作用的变化,所以通常有着非常重要的现实意义。另外,人大代表的角色转向也透露出人大代表未来的工作重点,可以帮助我们把握人大代表角色的发展方向并深化对中国人大制度的改革。

(一) 代表角色转向的现实意义

人大代表,是人民代表大会的组织细胞。④ 其职能作用,通常是在人大会

---

① "一季一督查"是指每个季度都要至少开展一次专项督查;"半年一报告"是指在年中的"一府两院"报告会上,听取政府关于民生实事项目进展情况的报告,并结合督查情况提出意见建议;"一年一测评"是指在年底由监督小组对监督情况形成书面报告,交由常委会及人大代表进行评价。

② 陈波:《重大事项决定权的实践及路径优化:兼论"民生实事项目代表票决制"》,载《人大研究》2017年第6期。

③ 王岭:《宁波:用最集中民意解决民生难题》,载《中国人大》2018年第20期,第25-27页。

④ 蔡定剑:《中国人民代表大会制度》,法律出版社1998年版,第183页。

议期间才能更好地体现。而在闭会期间，由于缺少必要的履职平台，人大代表往往处于近乎"休眠"的状态，各项功能并未得到应有的发挥。正是民生实事项目人大代表票决制的实行，为闭会期间的地方人大代表提供了必要的履职平台，在使其作用充分发挥的同时，也使其角色发生了相应的变化。这种变化并不是无关紧要的，而是有着十分重要的现实意义。它不仅能够缓和中国社会的主要矛盾，而且在推进国家治理体系和治理能力的现代化方面也发挥着非常重要的作用。

第一，地方人大代表的角色转向有效地回应了中国社会主要矛盾的变化，有助于政府决策与民众需求的精准对接。习近平总书记在十九大报告中提出，"我国社会主要矛盾已经转化为人民日益增长的美好生活需要和不平衡不充分的发展之间的矛盾"[①]。这对人大及其代表的工作都提出了新的要求。代表应当将工作重点转移到与人民切身相关的民生领域上，协助政府把群众真正所需、所盼的事情办好。只有这样，才能更好地满足人民对美好生活的向往。但是由于各地发展的不平衡不充分，人们对政府的要求往往并不相同。政府如果在民生实事领域继续坚持独断和包办的做法，只会使得政府的决策与群众的需求脱节，从而无法满足人民对美好生活的需要。地方人大代表的角色转向则有效地解决了这一问题。作为政府与群众之间的联结纽带，地方人大代表不仅在联系群众方面有着天然的优势，而且能够依托代表票决制平台使其民意反映者的角色在民生领域得以发挥实质作用。正是地方人大代表依托票决制所发生的这种角色转向，将政府决策与群众需求很好地衔接了起来，从而更好地满足了人民对美好生活的需要。

第二，地方人大代表的角色转向扭转了人大代表在权力运行中的尴尬局面，有助于构建新型的地方治理体系。在中国，地方人大代表是地方国家权力机关的组成人员。如同地方人民代表大会一样，宪法和法律也赋予地方人大代表很高的地位，但其在实际的政治运行中却没有发挥出应有的作用。尤其是在与人民切身相关的民生实事上，作为人民的代表者，地方人大代表往往处于旁观者的位置。正是民生实事项目人大代表票决制的实行，使得地方人大代表的角色有所转向，从而将法律所规定的代表在民主协商、民主决策和民主监督方面的作用充分发挥了出来。在这一制度下，地方人大代表成了制定民生实事项目不可或缺的行动者，从项目的征集和初选，到项目的审议和票决，再到项目的监督和评估，都有人大代表参与其中。此外，地方人大代表还在解决自身缺位问题的同时，使得党委和政府的角色定位更加明确，

[①] 习近平：《决胜全面建成小康社会夺取新时代中国特色社会主义伟大胜利：在中国共产党第十九次全国代表大会上的报告》，人民出版社2017年版，第11页。

从而在地方构建起了党委领导、人大决定、政府执行和民众参与的新型治理体系,将党的领导、人民当家作主和依法治国有机统一了起来。

第三,地方人大代表的角色转向依托于民生实事项目人大代表票决制,有助于推进国家治理能力的现代化。国家治理能力是与国家治理体系相辅相成的,主要是指制度的执行能力。[1] 因此,要想推进国家治理能力的现代化一般需要从两个方面着手:一是顺应时代变化进行制度改革;二是将制度与行动者相结合,提升治理主体按制度和法律办事的意识和水平。地方人大代表的角色转向正是顺应这些要求的一个转变。地方人大代表主要依托民生实事项目人大代表票决制来发挥作用,因此正是民生实事项目人大代表票决制,才使得人大代表的角色在民生领域发生了实质性的变化。通过这一变化,我们不仅分辨出了人大代表的工作重点,而且还明晰了党委、政府和人大三者之间的职责边界和事权划分。在社会主要矛盾发生转变的背景之下,民生领域将会是地方人大代表工作的重中之重。同时,法律所规定给人大代表的职能也会更加清晰。另外,由于地方人大代表的角色转向是依托代表票决制发生的,地方人大代表能够充分利用这一制度,并把制度优势转化为治理国家的效能,从而提升治理国家的能力和水平。

(二) 代表角色的未来发展

代表的角色,通常体现代表在政治生活中的实际作用。通过考察代表票决制实施前后代表角色的发展过程,我们发现地方人大代表的角色主要呈现出两个方面的趋势。第一,代表角色的制度化水平越来越高。在 20 世纪 80 年代之前,学者对于代表角色的区分主要是根据代表的身份,将代表角色简单分为荣誉代表与党和国家的高级官员。[2] 而随着《代表法》的颁布,代表的角色定位越来越接近《代表法》中对人大代表权利和义务的规定。人大代表依据《代表法》履职的情况明显增多。另外,代表角色的制度化还体现为依托制度平台发挥作用。比如通过人大方面的制度创新——民生实事项目人大代表票决制、参与式预算等,明确代表的相应角色并使其充分发挥作用。第二,地方人大代表的人民代理人身份更加突出。在过去,由于国家对代表有着"在人民面前代表

---

[1] 俞可平:《推进国家治理体系和治理能力现代化》,载《前线》2014 年第 1 期,第 5－8 页。

[2] Murray Scot Tanner, "The National People's Congress", in Goldman Merle & MacFarquhar Roderick (eds.), *The Paradox of China's Post-Mao Reforms*, Cambridge, Mass.: Harvard University Press, 1999, pp. 100－128.

政权"的要求,人大代表对国家的忠诚往往会压倒他们对人民的责任。① 这种情况使得人大代表主要是作为国家的代理人而存在。随着《代表法》的颁布以及人大在制度方面的创新,人大代表逐渐明确了自身的角色定位,开始由原来的对上负责转为对下负责,角色重心也实现了从国家代理人向人民代理人的转向。② 由此可见,人大代表的角色发生了很大的改变,呈现出了非常积极的一面。在未来的发展中,我们相信地方人大代表的角色将继续沿着制度化、人民代理人的方向发展。但是,在看到这些积极方面的同时,我们也应该认识到代表的角色还存在某些局限性。因为就民生实事项目人大代表票决制而言,代表的角色变化只是在民生实事领域中的变化,并且票决制这一制度创新也只局限于部分地区,并未推广至全国。这表明,代表的角色以及作为载体的代表票决制还有很大的发展空间。我们应当继续坚持和完善代表票决制这一平台,以便为代表角色的未来发展提供坚实的制度保障。

---

① Kevin J. O'Brien, "Agent and Remonstrator: Role Accumulation by Chinese Congress Deputies", *The China Quarterly*, No. 138, 1994, pp. 359–380.
② 虞崇胜、温潇俊:《海外学者研究中国人大代表角色转变的向度与动因》,载《人大研究》2017 年第 1 期,第 31–37 页。